राज्याभिषेक

राज्याभिषेक

आचार्य चतुरसेन

प्रकाशक
प्रभात प्रकाशन प्रा. लि.
4/19 आसफ अली रोड, नई दिल्ली–110002
फोन : 011–23289777 • हेल्पलाइन नं. : 7827007777
इ–मेल : prabhatbooks@gmail.com ❖ वेब ठिकाना : www.prabhatbooks.com

संस्करण
2026

पेपरबैक मूल्य
तीन सौ रुपए

मुद्रक
श्री साई प्रिंटर्स, साहिबाबाद

———— ★ ————

RAJYABHISHEK
novel by Acharya Chatursen

Published by **PRABHAT PRAKASHAN PVT. LTD.**
4/19 Asaf Ali Road, New Delhi-110002

ISBN 978-93-90900-24-4

₹ 300.00 (PB)

~ एक ~

हमारी उपन्यास कथा उस समय से आरंभ होती है, जब राम ने लंका पर चढ़ाई कर रावण के साथ युद्ध छेड़ दिया था। युद्ध के आरंभ में रावण ने पहले अपने महारथियों को युद्ध में भेजा। जब वे राम द्वारा मार दिए गए, तब रावण ने अतुलबल कुंभकर्ण को राम से लड़ने के लिए भेजा। कुंभकर्ण भी मारा गया, तब अपने छोटे पुत्र वीरवाहन को भेजा। वीरवाहन भी वीरगति को प्राप्त हुआ। वीरवाहन की मृत्यु का समाचार लेकर एक सैनिक ने रावण के सभाभवन में प्रवेश किया।

रावण का सभाभवन बिल्लौरी खंभों पर विविध रत्नों से जड़ा था। छत्र की झालर में बड़े-बड़े मोती लटक रहे थे। बंदनवारों में भाँति-भाँति के फूल गुँथे थे। महाबली रावण उच्च सिंहासन पर सिर नवाए बैठा था। बंधु, मंत्री, सभासद सब अधोमुख बैठे ठंडी साँसें ले रहे थे। उसकी आँखों से अविरल अश्रुधारा बह रही थी। चँवर-वाहिनियों ने चँवर नीचे कर लिये थे और वे विषण्णवदन खड़ी थीं। छत्रधर ने छत्र पृथ्वी पर झुका दिया था। दंडधर और प्रहरियों ने खड्ग पृथ्वी पर झुका दिए थे, योद्धागण शस्त्र उलटे रख चुपचाप खड़े थे। सभा के मध्य में युद्धस्थल से आया हुआ एक सैनिक धूल और घावों से भरा धरती पर अपने टूटे हुए बर्छे के सहारे हाथ बाँधे खड़ा रुदन कर रहा था।

रावण ने दीर्घ निश्श्वास छोड़कर पूछा, "कह रे कह, पुत्र वीरवाहन का निधन-समाचार एक बार फिर कह!"

सैनिक कातर भाव से हाथ उठाकर बोला, "हाय स्वामी, कैसे कहूँ! महाप्रतापी वीरवाहन के साथ सहस्रों योद्धा समर-सागर में खप रहे। कालबली ने सभी को ग्रस लिया।"

"तो पुत्र वीरवाहन अब पृथ्वी पर नहीं रहा? यह तो स्वप्न की सी बात है। जिसके भय से देवता भी विकल रहते थे, उसे भिखारी राम ने कैसे मार डाला? कठोर शाल के वृक्ष को विधाता ने फूल की कोमल पँखुड़ी से चीर दिया। हाय पुत्र! हाय वीर शिरोमणि! किस पाप से मैंने तुम जैसे पुत्र को खो दिया? अब कैसे इस दुःख को सहूँगा? अब कौन कालयुद्ध में मेरी मान-प्रतिष्ठा की रक्षा करेगा? अरे विधाता! यह पापी राम तो लकड़हारे की भाँति मेरे सैन्यरूपी वन को काटे डालता है। महापराक्रमी भाई कुंभकर्ण को भी इस भिखारी ने काट डाला। पृथ्वी विजय करनेवाले मेरे सारे ही सूरमा एक-एक करके कट गए। अरी अभागिनी शूर्पणखा! तूने किस कुघड़ी में पंचवटी में इस पोनिया नाग को छेड़ा। हाय, मेरी यह सोने की लंका राख का ढेर हो गई। यह हीरों के हार की भाँति जगमगाती हुई नाटकशाला सी मेरी आनंदपुरी लंका श्मशान हो गई!"

तो पुत्र वीरवाहन अब पृथ्वी पर नहीं रहा? यह तो स्वप्न की सी बात है। जिसके भय से देवता भी विकल रहते थे, उसे भिखारी राम ने कैसे मार डाला? कठोर शाल के वृक्ष को विधाता ने फूल की कोमल पँखुड़ी से चीर दिया। हाय पुत्र! हाय वीर शिरोमणि! किस पाप से मैंने तुम जैसे पुत्र को खो दिया?

मंत्री सारण हाथ जोड़ धैर्य देने आगे बढ़ा। उसने कहा, "वीर मुकुटमणि धीरा महाराज! राजन्, दास को क्षमादान हो। प्रभु, पृथ्वी पर ऐसा कौन है, जो आपको समझा सके? आप महाज्ञानी हैं, यदि बिजली गिरने से पर्वत की चट्टान टूट जाती है तो क्या पर्वतराज अधीर हो जाते हैं? महाराज संसार मायामय है, सुख-दुःख सब झूठा सपना है, अज्ञानी ही इसमें भूलते हैं।"

रावण ने दीर्घश्वास लिया, "मंत्रिवर! तुम्हारा कहना सत्य है, मैं सब जानता हूँ, परंतु मेरा मन हाहाकार कर रहा है। अरे, मेरे हृदय के बाग के फूल चुन-चुनकर चोर चुरा ले गया!"

कुछ देर चुप रहकर सैनिक से उसने फिर से पूछा, "अरे कह, महाबली वीरवाहन की मृत्यु कैसे हुई?"

"महाराज, मैं वह अद्‌भुत वीरगाथा कैसे कहूँ? उसने मतवाले हाथी की भाँति शत्रुदल में घुसकर उन्हें कुचल डाला। उसकी हुंकार से धरती धसकने लगी। महाराज, उसने ऐसा युद्ध किया कि धरती की धूल ने उड़कर सूरज को छिपा लिया। बाणों ने आकाश को पाट दिया। उसके हाथ से मारे हुए शत्रुओं की गणना नहीं हो सकती। शत्रु की सेना छिन्न-भिन्न होकर भाग गई। इतने ही में वैरी राम ने कालबाण लेकर युद्धक्षेत्र में प्रवेश किया। अब आगे क्या कहूँ।"

"कह, कह, मैं सुन रहा हूँ। तू वैरी राम के पराक्रम का बखान कर।"

"कैसे कहूँ, वीरवाहन ने लाल आँखें कर गिद्ध की भाँति ज्यों ही राम पर छलाँग मारी, त्यों ही उसने बड़ी सफाई के साथ बाणों से वीर को पाट दिया। फिर तो ऐसा युद्ध हुआ कि देवता चकित होकर देखने लगे। शस्त्रों की झनकारों से कानों के परदे फट गए, परस्पर शस्त्रों की टक्कर से आग निकलने लगी। महाराज, सभी राक्षस उस समर में काम आए, पूर्वजन्म के पापों के बदले स्वामी को यह दारुण संदेश देने को यह अधम बच गया। स्वामी, मैं महाबली वीरवाहन को शरशैया पर असंख्य योद्धाओं के साथ सोता छोड़ यहाँ आया हूँ। मेरा वध कराइए।"

कैसे कहूँ, वीरवाहन ने लाल आँखें कर गिद्ध की भाँति ज्यों ही राम पर छलाँग मारी, त्यों ही उसने बड़ी सफाई के साथ बाणों से वीर को पाट दिया। फिर तो ऐसा युद्ध हुआ कि देवता चकित होकर देखने लगे। शस्त्रों की झनकारों से कानों के परदे फट गए, परस्पर शस्त्रों की टक्कर से आग निकलने लगी।

इसी समय सभाभवन में राजमहिषी देवी चित्रांगदा निराभरण शरीर, खुले बाल, आँखों में अविरल अश्रुधारा, भारी-भारी निश्श्वास लेकर गिरती-पड़ती सखियों समेत विलाप करती आई। उसका विलाप सुनकर छत्रधर के हाथ से छत्र गिर पड़ा। द्वारपालों के हाथ से तलवारें छूट गईं और सभासद अधीर होकर चीत्कार कर उठे। रावण ने चौंककर राजमहिषी की ओर देखा। राजमहिषी ने अश्रुपूरित नेत्रों से कहा, "नाथ, विधाता ने मुझे एक मोती दिया था, जैसे चिड़िया अपने बच्चों को बड़े यत्न से घोंसले में रखती है, उसी भाँति इस अभागिनी ने उसे

आपके पास रखा था। आप मेरे परमेश्वर और महावीर लंकाधिपति हैं। राजन्, दरिद्र के धन की रक्षा करना राजा का धर्म है। कहिए महाराज, मेरा वह धन कहाँ है ? मेरा वह अनमोल मोती, मेरा पुत्ररत्न कहाँ है ?"

रावण ने दुःखी होकर अपनी पत्नी की ओर देखा, "प्रिये, भाग्यदोषी की कोई निंदा नहीं करता, फिर तुम क्यों मेरा तिरस्कार करती हो ? तुम तो केवल एक ही पुत्र के शोक में अधीर हो, परंतु मेरा हृदय हजारों पुत्रों के शोक से फटा पड़ता है। वीरनगरी लंका आज ऐसी हो रही है, जैसे गरमी की लू में झुलसा हुआ बगीचा अथवा सूखी हुई नदी।" यह कहकर रावण रो पड़ा। चित्रांगदा भी रोते-रोते धरती पर गिर पड़ी।

प्रिये, भाग्यदोषी की कोई निंदा नहीं करता, फिर तुम क्यों मेरा तिरस्कार करती हो ? तुम तो केवल एक ही पुत्र के शोक में अधीर हो, परंतु मेरा हृदय हजारों पुत्रों के शोक से फटा पड़ता है। वीरनगरी लंका आज ऐसी हो रही है, जैसे गरमी की लू में झुलसा हुआ बगीचा अथवा सूखी हुई नदी।

यह देख रावण अधीर हो उठा। उसने कहा, "देवी, ऐसा विलाप न करो। उठो, तुम्हारे पुत्र के पराक्रम से मेरा वंश उज्ज्वल हो गया। उसने देश के वैरी का विध्वंस करके प्राण त्यागा।"

"महाराज, जो वीरयुद्ध में वैरी का नाश करता है, उसकी माता धन्य है। परंतु नाथ, सोचिए तो सही, क्या राम देश का शत्रु है ? कहिए, वह किस लोभ से यहाँ आया है ? वह सरयूतीर बसनेवाला भिक्षुक क्या आपकी स्वर्णलंका और स्वर्णसिंहासन पाने के लिए युद्ध कर रहा है ? कहिए स्वामी, इस काल-अग्नि को किसने जलाया है ? हाय नाथ! अपने कुकर्म से राक्षस-कुल को डुबोकर आप स्वयं भी डूब रहे हैं।"

यह कहकर विलाप करती और आँसुओं के नीर बहाती चित्रांगदा दुःखी मन वहाँ से चल दी।

रावण सिंहासन से उठता हुआ बोला, "हाय, लंका वीरशून्या हो गई ! अब इस कालयुद्ध में मैं किसे भेजूँ ? अच्छा, मैं स्वयं ही उस अभागे राम का बल देखूँगा। सभासदो, आओ, प्राचीर पर चढ़कर देखें कि वीर शिरोमणि वीरवाहन

रणभूमि में किस भाँति पड़ा है। वीरशय्या पर वीरपुत्र को देखकर नयनों को तृप्त करें।"

यह कहकर वह प्राचीर की ओर चल दिया। पीछे-पीछे सब सभासद और योद्धा नतमस्तक हो धीरे-धीरे उसके पीछे चले।

स्थान-स्थान पर सुभट-सूरमा भारी-भारी शस्त्र लिये पहरे पर उपस्थित थे। रावण सभासदों सहित प्राचीर पर चढ़कर समरभूमि को देखने लगा।

युद्धभूमि में मृत पड़े सुभटों का विनाश देखकर वह दुःख और क्षोभ से भर गया।

"हाय, स्वर्णराजमंदिरों के उन्नत यह रत्नजटित चूड़ा इस समय महापुरी लंका के किरीट की भाँति दिख रहे हैं! पुष्पवाटिकाओं में रानियों के कनक प्रमोद भवन सूर्य की सुनहरी धूप में कैसे सुंदर प्रतीत होते हैं! कमलों से परिपूर्ण सरोवरों के तट पर फूलों से लदे हुए नवीन वृक्ष बासंती पवन के झकोरे खाकर मदमाती तरुणियों की भाँति झूम रहे हैं। हाट, चतुष्पद की दुकानें हीरे-मोतियों से भरी हुई कैसी सुहावनी दीख पड़ती हैं! मानो मानवती लंका को प्रसन्न करने के लिए उसके चरण तल में संसार ने अपनी संपदा चढ़ा दी है। किंतु शोक, यही राक्षसपुरी, जो कभी भोगों और सुखों का कामस्थल थी, आज श्मशान बनी हुई है।"

हाय, स्वर्णराजमंदिरों के उन्नत यह रत्नजटित चूड़ा इस समय महापुरी लंका के किरीट की भाँति दिख रहे हैं! पुष्पवाटिकाओं में रानियों के कनक प्रमोद भवन सूर्य की सुनहरी धूप में कैसे सुंदर प्रतीत होते हैं! कमलों से परिपूर्ण सरोवरों के तट पर फूलों से लदे हुए नवीन वृक्ष बासंती पवन के झकोरे खाकर मदमाती तरुणियों की भाँति झूम रहे हैं।

मंत्री ने आगे बढ़ विनयावनत हो हाथ जोड़कर कहा, "पृथ्वीनाथ, दिन और रात्रि संसार के दो स्वाभाविक रूप हैं। स्वामी, सब दिन समान नहीं होते।"

"किंतु शत्रु के कटक को तो देखो, मदमत्त प्रहरी इस प्रकार चौकन्ने घूम रहे हैं, जैसे पर्वत पर सिंह। उस सिंधुतट की रजत बालुका पर वैरी राम की सेना

इस भाँति बिखरी दीख रही है, जैसे आकाश में तारामंडल। वह देखो! पूर्व द्वार पर दुर्निबार नील पहरा दे रहा है। वह दक्षिण द्वार पर सौ हाथियों के बल वाला अंगद इस भाँति घूम रहा है, जैसे हेमंत ऋतु के अंत में केंचुलत्यक्त विषधर भुजंग त्रिशूल के समान जीभ लपलपाता फिरता है। उत्तर की ओर महाविजयी सुग्रीव और पश्चिम की ओर स्वयं वैरी राम है—जिसकी चाँदनी-रहित चंद्रमा की भाँति शोभा मलिन हो रही है। वायुपुत्र हनुमान और राक्षसकुल-कलंक विभीषण इसके साथ हैं। अरे, इन सबने मेरी स्वर्णलंका को इस भाँति घेर रखा है, जैसे व्याध कौशल से जाल में व्याघ्र को घेर लेता है।"

"महाराज, समरभूमि के इस भीषण दृश्य को तो देखिए। मरे हुए हाथियों के पुंज किस भीषण रीति से निश्चल पड़े हैं, चंचल घोड़े गतिहीन हो गए हैं। अनगिनत रथों के छिन्न-भिन्न अंग-प्रत्यंग इधर-उधर छितराए पड़े हैं। निषादी, सादी, शूली, रथी, महारथी और पैदल भेदभाव और मर्यादा का विचार भूलकर एक साथ भूमि पर लोट रहे हैं। जगह-जगह पर वर्म, चर्म, अस्थि, धनु, भिंदिपाल, तूण, शर, मुद्‌गर और परशु पड़े हुए हैं। मृत वीरों के महा तेजस्कर आभरण, मणि-जटित किरीट शीर्ष बिखरे पड़े हैं। हा! जैसे किसान सुनहरे धानों की बालियों को काटकर खेत में डाल देता है, वैसे ही इस वैरी रघुवंशी ने राक्षसकुल को काट फेंका है!"

महाराज, समरभूमि के इस भीषण दृश्य को तो देखिए। मरे हुए हाथियों के पुंज किस भीषण रीति से निश्चल पड़े हैं, चंचल घोड़े गतिहीन हो गए हैं। अनगिनत रथों के छिन्न-भिन्न अंग-प्रत्यंग इधर-उधर छितराए पड़े हैं। निषादी, सादी, शूली, रथी, महारथी और पैदल भेदभाव और मर्यादा का विचार भूलकर एक साथ भूमि पर लोट रहे हैं।

"हाय पुत्र! तुम जिस शैया पर आज जा सोए हो, उसकी आकांक्षा वीरजन सदैव करते हैं। अरे, समर में जो डरे, वही मूढ़ है। फिर भी हे वत्स! मोह-मद में मेरा मन मुग्ध होकर कातर हो गया है। अरे विधाता! तू ही जगत् का पिता है, मैं एक ही पुत्र के शोक से व्याकुल हो रहा हूँ। तुम्हारी क्या दशा होती होगी! हा

पुत्र! मैं तुम्हारे बिना कैसे अब जीऊँगा?"

"हे शूर-मुकुटमणि, इस अत्यंत अद्‌भुत समुद्र-सेतु को तो देखिए। सागर के इस जल में शिलाएँ ऐसी दृढ़ता से बँधी हैं कि क्रुद्ध सागर का प्रचंड तरंगाघात उसका कुछ भी नहीं बिगाड़ सकता, वह तो राजपथ सा प्रशस्त है।"

"वाह रे अभिमानी जलधिपति! क्या ही सुंदर विजयमाल तूने अपने कंठ में डाली है। धिक्कार है तुझे! इसी बूते तू अलंघ्य और अजेय कहाता था? अरे वरुणपुत्र, कह, तू तो पवन से भी शत्रुता करते भय नहीं खाता था? फिर तूने किस भाँति भिखारी राम से डरकर ये बेड़ियाँ पहन लीं। उठ और इस सेतु को बल से तोड़-फोड़कर प्रबल रिपु को अतुल जल में डुबोकर मेरे हृदय की ज्वाला को शांत कर। तेरे ही बल पर स्वर्णलंका को इतना गर्व था।"

वाह रे अभिमानी जलधिपति! क्या ही सुंदर विजयमाल तूने अपने कंठ में डाली है। धिक्कार है तुझे! इसी बूते तू अलंघ्य और अजेय कहाता था? अरे वरुणपुत्र, कह, तू तो पवन से भी शत्रुता करते भय नहीं खाता था? फिर तूने किस भाँति भिखारी राम से डरकर ये बेड़ियाँ पहन लीं। उठ और इस सेतु को बल से तोड़-फोड़कर प्रबल रिपु को अतुल जल में डुबोकर मेरे हृदय की ज्वाला को शांत कर। तेरे ही बल पर स्वर्णलंका को इतना गर्व था।

"महाराज, आपका तेजबल जगत्-विख्यात है, देवता और दानव भी आपके नाम से कंपित होते हैं। स्वामी, यह समय कातर होने का नहीं है, शत्रु को विजय करने का है। अब भी लंका वीरशून्या नहीं हो गई। सरयू-तीरवासी भिक्षुक राम भाग्यबल पर ही जीता है। सो स्वामी, पुरुष का भाग्य अज्ञेय है।"

"सत्य कहते हो, मंत्रिवर। ठीक है, अच्छा अब मैं स्वयं ही राक्षसकुल के मान की रक्षा करने जाऊँगा। अरे, लंका के शूरवीर योद्धाओ! जाओ और सजो, अब पृथ्वी राम या रावण से रहित होनेवाली है।"

दो

लंका की उत्तरी दिशा में युद्धभूमि से दूर युवराज मेघनाद का प्रमोद वन था। यहीं उसका स्वर्णमहल था। स्वर्णमहल फूलों और रत्नों से सजा हुआ था। डालों पर कोयल कूक रही थी। भौंरे गूँज रहे थे। फूल खिले थे। झरने झर-झर झर रहे थे। द्वारों पर राक्षस स्त्रियाँ वीरवेश धारण किए, ढाल, तलवार लिये घूम रही थीं। उनकी वेणी में मोती गूँथे थे। कुचों पर स्वर्णकवच कसा था, तरकश बाणों से परिपूर्ण थे। नितंब में करधनी, पैरों में नूपुर और वेणी में मोती थे। वीणा-मुरज-मुरली तथा सप्तस्वर बज रहे थे। मधुरकंठी बालाएँ गा रही थीं। मेघनाद सुलोचना सहित स्वर्ण-सिंहासन पर बैठा मद्यपान कर रहा था।

गायन में उन्मत्त होकर मेघनाद ने मद्यपाव अपनी पत्नी सुलोचना के अधरों से लगाकर कहा, "वाह, जीवन भी इसी मद्य की भाँति उन्माददाता हो रहा है। यह पृथ्वी कितनी सुंदर है प्रिये!"

"केवल वीर पुरुष के लिए ही नाथ! कृमि-कीट की भाँति जीवित रहनेवालों के लिए यही धराधाम नरकतुल्य है।"

"उन अधम कायरों की बातें जाने दो प्रिये, आओ, हम लोग एक-एक पात्र उस सुवासित मद्य का और पीकर सुवासित वासंती वायु की भाँति झूमें।"

गायन में उन्मत्त होकर मेघनाद ने मद्यपाव अपनी पत्नी सुलोचना के अधरों से लगाकर कहा, "वाह, जीवन भी इसी मद्य की भाँति उन्माददाता हो रहा है। यह पृथ्वी कितनी सुंदर है प्रिये!"

"केवल वीर पुरुष के लिए ही नाथ! कृमि-कीट की भाँति जीवित रहनेवालों के लिए यही धराधाम नरकतुल्य है।"

"पिओ वीर स्वामी, इस मधु के साथ इस चिरकिंकरी का चिरप्रेम भी पान करो।"

परंतु इस आनंद वेला में बाधा पड़ी। द्वार का परदा हटाकर प्रभाषा धाय ने चिंतित भाव से कक्ष में प्रवेश किया। उसे देखते ही सब स्तंभित हो गए। गायन

और मद्यपान रुक गया। मेघनाद ने आसन से उतर उनके चरणों में प्रणाम करके कहा, "माता, इस भवन में आज असमय में कैसे आईं? लंका में कुशल तो है?"

धाय ने मेघनाद को आशीर्वाद देकर कहा, "पुत्र, कुशल कहाँ, स्वर्णपुरी लंका की दुर्दशा क्या कहूँ! तुम्हारा प्रिय भाई वीरवाहन मारा गया। शोक से उन्मत्त हो राक्षसाधिपति तुम्हारे पिता स्वयं युद्ध का साज सज रहे हैं।"

मेघनाद ने विस्मित होकर पूछा, "भगवती, यह तुम क्या कहती हो! किस पापिष्ठ ने मेरे प्रिय अनुज का वध किया? उस तपस्वी राम को तो मैंने निशायुद्ध में मार डाला था। मेरे बाणों की मार से शत्रु सैन्य खंड-खंड हो गया था। हे माता! अब तुमने यह अद्‌भुत वार्त्ता कहाँ सुनी? कृपा कर मुझ दास से वृत्तांत स्पष्ट कहो।"

मेघनाद ने विस्मित होकर पूछा, "भगवती, यह तुम क्या कहती हो! किस पापिष्ठ ने मेरे प्रिय अनुज का वध किया? उस तपस्वी राम को तो मैंने निशायुद्ध में मार डाला था। मेरे बाणों की मार से शत्रु सैन्य खंड-खंड हो गया था। हे माता! अब तुमने यह अद्‌भुत वार्त्ता कहाँ सुनी? कृपा कर मुझ दास से वृत्तांत स्पष्ट कहो।"

"पुत्र! सीतापति राम तो मायावी मनुष्य है, वह तुम्हारे हाथों मरकर भी फिर से जी उठा। तुम्हीं अब राक्षसकुल की मुकुटमणि हो। हे पुत्र! इस कालसमर में शीघ्र जाकर राक्षसकुल की मान की रक्षा करो।"

यह सुनते ही मेघनाद ने क्रोध से कंठ की पुष्पमालाओं को तोड़कर और आभरणों को नोचकर फेंक दिया। फिर कहा, "धिक्कार है मुझे, हाय शत्रु ने स्वर्णलंका को घेर लिया है और मैं यहाँ रमणीदल में विहार कर रहा हूँ। हा, क्या लंकापति के युवराज को यही शोभा देता है? अरे, रथ लाओ। मैं अभी शत्रुओं का विध्वंस करके इस अपवाद को दूर करूँगा। लाओ, मेरे शस्त्र और कवच।"

यह कहकर वह उठ खड़ा हुआ। भीमकाय सैनिक बालाएँ विविध शस्त्र और स्वर्णकवच से उसे सज्जित करने लगीं। युद्धवेश धारण कर जब यह जाने लगा, तब

सुलोचना ने नेत्रों में जल भरकर कहा, "प्राणसखे, मुझ दासी को छोड़कर कहाँ जा रहे हैं? यह अभागिनी आपके बिना कैसे प्राण धारण करेगी? नाथ, गहन कानन में यदि लता स्वेच्छा से गजपद में लिपट जाए तो गजराज उसे पदाश्रय तो अवश्य ही देते हैं। हे गुणनिधे, मुझ किंकरी को आप क्यों त्याग रहे हैं?"

मेघनाद ने उसे हृदय से लगाकर कहा, "सती सुलोचने, तुमने इंद्रजीत को जीतकर जिस दृढ़ बंधन में बाँध रखा है, उस बंधन को कौन खोल सकता है? चिंता न करो प्रिये, मैं भिक्षुक राम का हनन कर शीघ्र ही लौट आऊँगा। चंद्रवदनी, मुझे जाने दो, विह्वल मत हो।"

यह कहकर वह रथ पर आरूढ़ हो पिता के आवास की ओर चल दिया। उसने देखा—मार्ग में विविध रणवाद्य बज रहे हैं। हाथी चिंघाड़ रहे हैं। घोड़े हिनहिना रहे हैं। पैदल और रथी हुंकार रहे हैं। वीर लौहवर्म पहन रहे हैं। ध्वजस्तंभ पर गगनचुंबी ध्वजा फहरा रही है। सुनहरी रथ इधर से उधर विद्युत्-गति से आ-जा रहे हैं। सिरों पर कनक टोप पहने, म्यानों में विकराल तलवारें डाले, पीठ पर अभेद्य ढाल बाँधे वीरों की पंक्ति की पंक्ति जुझाऊ बाजे बजाती आगे बढ़ रही है। मेघनाद का रथ दिशाओं को घोषित करता हुआ रावण के द्वार पर जा पहुँचा। उसे देख राक्षस सैन्य हर्ष से चिल्ला उठी।

यह कहकर वह रथ पर आरूढ़ हो पिता के आवास की ओर चल दिया। उसने देखा—मार्ग में विविध रणवाद्य बज रहे हैं। हाथी चिंघाड़ रहे हैं। घोड़े हिनहिना रहे हैं। पैदल और रथी हुंकार रहे हैं। वीर लौहवर्म पहन रहे हैं। ध्वजस्तंभ पर गगनचुंबी ध्वजा फहरा रही है। सुनहरी रथ इधर से उधर विद्युत्-गति से आ-जा रहे हैं।

मेघनाद रथ से उतरकर सभा-भवन में पहुँचा और पिता के चरणों में गिरकर हाथ जोड़कर बोला, "पिता, मैंने सुना कि वैरी राम फिर मरकर जी उठा। उसने मेरे वीर अनुज का वध किया है। आज्ञा कीजिए कि मैं आज उसका समूल नाश कर डालूँ। मैं उसे भस्म करके उस भस्म को वायु में उड़ा दूँगा अथवा आज्ञा होगी तो बाँधकर चरणों में ला उपस्थित करूँगा।"

रावण ने उसे आलिंगन में भरकर कहा, "पुत्र, तुम मेरी एकमात्र आशा हो। अब मैं तुम्हें उस कालसमर में नहीं भेजूँगा। बेटे, भाग्य मेरे विपरीत है, तुम आनंद से प्रमोद वन में विहार करो। मैं राम के बल को ही देखूँगा।"

मेघनाद बोला, "हे राजेंद्र! राम जैसे तुच्छ नर से इतना भय क्यों? मुझ दास के रहते आप रण में जाएँगे तो पृथ्वी के वीर हँसेंगे। देवराज इंद्र उपहास करेगा। अग्नि रुष्ट हो जाएगी। मैंने राम को दो बार पराजित करके छोड़ा है। अब इस बार उसे नष्ट ही कर दूँगा। देखूँ, वह कैसे बच निकलता है।"

"पुत्र, मैंने महाबली भाई कुंभकर्ण को असमय जगाकर भेजा था! देखो, उसका शरीर समुद्र के किनारे ऐसा पड़ा है, जैसे बिजली के गिरने से टूटी पर्वत की चट्टान।"

मेघनाद बोला, "हे राजेंद्र! राम जैसे तुच्छ नर से इतना भय क्यों? मुझ दास के रहते आप रण में जाएँगे तो पृथ्वी के वीर हँसेंगे। देवराज इंद्र उपहास करेगा। अग्नि रुष्ट हो जाएगी। मैंने राम को दो बार पराजित करके छोड़ा है। अब इस बार उसे नष्ट ही कर दूँगा। देखूँ, वह कैसे बच निकलता है।"

"पिता, मैं इस विद्रोही राम को अभी मार डालता हूँ।"

रावण कुछ देर पुत्र की वीर भावना पर सोचता रहा, फिर कहा, "अच्छा वत्स, यदि ऐसी ही तुम्हारी इच्छा है तो आज रात्रि जागरण कर निकुंभिला यज्ञ कर लो। आओ, मैं तुम्हें सेनापति पद पर अभिषिक्त करता हूँ। वीर सैनिको! यह अजेय इंद्रजीत मेरा पुत्र और तुम्हारा युवराज समस्त राक्षस सैन्य का अधिपति होता है।"

राजपुरोहित ने आगे बढ़कर कहा, "कुमार, मैं सप्ततीर्थों के पवित्र जल से तुम्हारा अभिषेक करता हूँ।"

जल छिड़ककर उसने मेघनाद की स्तुति की—

जिसके भीम धनुष की ध्वनि सुन सुरपति कंपित होते।
जिसके अक्षय अग्निबाण छू अरिदल विचलित होते॥
वीर शिरोमणि, कामिनी-रंजन, रावण-सुत विकराल।
सजा युद्ध के साज चला अब रावण-वीर विशाल॥

~ तीन ~

अमरावती पुरी में देवराज इंद्र की रात्रिसभा जुड़ी हुई थी। मणिमय छत्र सिर पर धारण कर इंद्र इंद्राणी सहित स्वर्ण सिंहासन पर बैठे थे। किंकरियाँ चँवर डुला रही थीं। छहों राग और छत्तीस रागिनियाँ मूर्तिमती उपस्थित थीं। अप्सराएँ नाच रही थीं। गंधर्वगण देवताओं को स्वर्णपात्रों में सुधा बाँट रहे थे। उसी समय अपनी प्रभा से दिशाओं को आलोकित करती हुई देवी महालक्ष्मी वहाँ आईं। सब देवता तथा इंद्र आसन छोड़कर उठ खड़े हुए और उन्हें स्वर्णपीठ पर आसन दिया।

इंद्र ने हाथ जोड़कर पूछा, "वारींद्रनंदिनी, आपके चरणों की इस विश्व में सब इच्छा करते हैं। जिस पर आप कृपा करती हैं, उसका जन्म सफल हो जाता है। आज आपने अनायास ही यहाँ पधारकर मुझे कृतार्थ किया, सो किस पुण्य के फल से? कहिए।"

यह सुन लक्ष्मी मुसकराई, फिर बोलीं, "देवराज, मैं चिरकाल से लंका में बंदिनी थी? राक्षसराज मुझे विविध रत्नों से पूजता था। अब वह अपने पाप-दोष से सवंश डूब रहा है। परंतु ज़ब तक वह जीवित है, मैं वहीं बंदिनी रहूँगी, सो हे देवराज! इस राक्षसपुरी से मेरा उद्धार करो।"

"माता, इस कार्य में मैं क्या उद्योग कर सकता हूँ?"

यह सुन लक्ष्मी मुसकराई, फिर बोलीं, "देवराज, मैं चिरकाल से लंका में बंदिनी थी? राक्षसराज मुझे विविध रत्नों से पूजता था। अब वह अपने पाप-दोष से सवंश डूब रहा है। परंतु जब तक वह जीवित है, मैं वहीं बंदिनी रहूँगी, सो हे देवराज! इस राक्षसपुरी से मेरा उद्धार करो।"

"तुम्हारा चिर शत्रु मेघनाद ही अब एकमात्र वीर लंका में शेष है, दशानन ने उसे सेनापति पद पर अभिषिक्त किया है, कल वह दुरंत वीर राम पर आक्रमण करेगा। वह अजेय राक्षसकुमार यदि निकुंभिला यज्ञ पूर्ण कर लेगा तो फिर राम का निस्तार नहीं है।"

"देवी, गरुड़ से नाग इतना नहीं डरते, जितना मैं मेघनाद से। रावण का यह पुत्र रण में दुर्वार है। महासंहारक यह देवास्त्र वज्र भी उस महाबली ने परास्त कर दिया। माता, वह सदाशिव के वर से रणंजय हुआ है। आपकी आज्ञा हो तो मैं कैलाश जाऊँ।"

"देवराज, तुरंत जाओ, उनसे कहो, वसुंधरा सदा रोया करती है। अनंत आकाश अब उसका भार नहीं सह सकता। इस बार राक्षसपति समूल नष्ट न हुआ तो भवतल रसातल को चला जाएगा। उन्हें मेरी याद दिलाकर भी कहना कि ऐसा कौन पिता है, जो दुहिता को पतिगृह से दूर बंदी रहने दे, यदि त्र्यंबक न मिलें तो अंबिका के चरणों में सब निवेदन करना।"

देवराज, तुरंत जाओ, उनसे कहो, वसुंधरा सदा रोया करती है। अनंत आकाश अब उसका भार नहीं सह सकता। इस बार राक्षसपति समूल नष्ट न हुआ तो भवतल रसातल को चला जाएगा। उन्हें मेरी याद दिलाकर भी कहना कि ऐसा कौन पिता है, जो दुहिता को पतिगृह से दूर बंदी रहने दे, यदि त्र्यंबक न मिलें तो अंबिका के चरणों में सब निवेदन करना।

यह कहकर देवी महालक्ष्मी वहाँ से चली गईं। उनके जाने पर इंद्र ने शची से कहा, "देवी, तुम भी मेरे साथ चलो। परिमल सुधा के साथ होने से पवन का दुगुना आदर होता है। प्रस्फुटित कमल के गुण से मृणाल की शोभा बढ़ती है।"

शची हँस दी, फिर बोली, "देवेंद्र! जहाँ धूप, वहाँ छाँह। चलो, मैं चलूँगी।"

हिमालय के कैलास शिखर मानसरोवर पर शंकर का धवल हिम-प्रासाद था। पर्वत घनश्याम तरुलता से वेष्टित थे। स्थान-स्थान पर झरनों से झर-झर जल बह रहा था। उमा एक स्वच्छ स्फटिक शिला पर स्वर्णासन बिछाकर बैठी थी। विजया चँवर डुला रही थी। जया राजछत्र लिये थी। इंद्र और शची वहीं पहुँच प्रणाम कर हाथ बाँध खड़े हो गए।

अंबिका ने उन्हें वहाँ उपस्थित देख पूछा, "देवराज, अपनी कुशल कहो? किस मनोरथ से तुम दोनों आज याहाँ कैलास में आए हो?"

इंद्र ने हाथ जोड़कर उत्तर दिया, "जगत्-माता! आप तो संसार का सब समाचार जानती हैं। लंकापति रावण ने आज अजेय मेघनाद को सानापति पद पर अभिषिक्त किया है। कल प्रात:काल निकुंभिला यज्ञ में वह वर प्राप्त कर रण में प्रवेश करेगा। राजलक्ष्मी ने मुझे मेरे धाम में आकर यह समाचार सुनाया है। वसुंधरा और शेष अब क्लांत हो गए हैं, भार नहीं सह सकते। महालक्ष्मी अब कनक-लंका त्यागने को चंचल हो गई हैं। इसलिए उन्होंने मुझ दास को आपके चरणों में यह निवेदन करने भेजा है कि किसी भाँति कल राम की रक्षा तथा उस दुरंत की मृत्यु होनी चाहिए।"

किंतु माता, राक्षतराज परम अधर्मी है। राम ने पिता की आज्ञा से सुख-भोग त्याग काननवास किया है। दुष्ट मायावी रावण ने उनकी परम साध्वी पत्नी को छल से हरण कर लिया। वह पानी परधन और पर-स्त्री के लोभ में सदा डूबा रहता है, फिर उस मूढ़ पर आपकी इतनी अनुकंपा क्यों रहती है?

अंबिका ने हँसकर कहा, "रावण तो शिवभक्तों में श्रेष्ठ हैं। तापसेंद्र उससे परम संतुष्ट हैं। इस समय वह समाधिस्थ हैं, इसलिए लंका में इतनी दुर्दशा हो रही है।"

"किंतु माता, राक्षतराज परम अधर्मी है। राम ने पिता की आज्ञा से सुख-भोग त्याग काननवास किया है। दुष्ट मायावी रावण ने उनकी परम साध्वी पत्नी को छल से हरण कर लिया। वह पानी परधन और पर-स्त्री के लोभ में सदा डूबा रहता है, फिर उस मूढ़ पर आपकी इतनी अनुकंपा क्यों रहती है?"

शची ने निवेदन किया, "माता, वैदेही के दु:ख को देखकर किसका हृदय विदीर्ण नहीं होता? यह सती अशोक वन में पिंजरबद्ध पक्षी की भाँति रहती है। उसका दु:ख आपको छोड़ और कौन दूर कर सकता है?"

अंबिका फिर हँस दीं। बोलीं, "मेघनाद ने तुम्हारे पति को रण में पराजित किया था। इसी से तुम रावण से द्वेष करती हो; परंतु तुम्हारी इस इच्छा को पूर्ण करने की सामर्थ्य मुझमें नहीं है। राक्षस कुल के रक्षक तो त्र्यंबक हैं। वे आज वृषभध्वज योग में मग्न हैं। वे योगासन कूट पर समाधिस्थ हैं। वहाँ गरुड़ की भी

गति नहीं, तुम उनके पास कैसे जाओगे?"

इंद्र ने उत्तर दिया, "जगन्माता? आपके बिना और किसी की सामर्थ्य है, जो उनके पास जाए! अब आप ही राक्षस कुल का नाश करके वसुधा का भार हलका कीजिए।"

सहसा शंख, घंटा और मंगलाचरण की ध्वनि से कैलासपुरी गंधामोद हो भर गई। उमा का कनक सिंहासन हिल उठा। यह देख अंबिका ने सखी से जिज्ञासा की, "अरी, विधुमुखी! असमय में यह कौन मेरी पूजा कर रहा है?"

सखी ने हँसकर उत्तर दिया, "दाशरथी राम जलपूर्ण घट को सिंदूर से अंकित कर आपके पद-पंकज में नीलोत्पलांजलि से पूजा अर्पण कर रहे हैं। अभये! उन्हें अभय-दान दीजिए। रघुकुलश्रेष्ठ राम आपके परम भक्त हैं।"

"विजये! तुम देव-दंपती का यथाविधि आतिथ्य करो। मैं विकट शिखर पर योगासन में आसीन धूर्जटि के पास जाती हूँ, देखूँ¨!" यह कह उमा रत्न महल के भीतरी भाग में स्वर्णपीठ पर आ बैठीं और विचारने लगीं कि किस विधि से मैं महेश से मिलूँ? क्या मदन-वधू रति की स्मरण करूँ! यही ठीक होगा। उन्होंने रति को स्मरण किया। रति उषा की किरण की भाँति साष्टांग दंडवत् कर आ उपस्थित हुई।

सखी ने हँसकर उत्तर दिया, "दाशरथी राम जलपूर्ण घट को सिंदूर से अंकित कर आपके पद-पंकज में नीलोत्पलांजलि से पूजा अर्पण कर रहे हैं। अभये! उन्हें अभय-दान दीजिए। रघुकुलश्रेष्ठ राम आपके परम भक्त हैं।" "विजये! तुम देव-दंपती का यथाविधि आतिथ्य करो। मैं विकट शिखर पर योगासन में आसीन धूर्जटि के पास जाती हूँ, देखूँ¨!"

उमा बोलीं, "अरी, मदन-मन-मोहिनी! योगेंद्र योगासन पर समाधिस्थ बैठे हैं। कह, मैं कैसे उनकी समाधि भंग करूँ?"

रति ने निवेदन किया, "देवि! आप मोहिनी मूर्ति धारण कीजिए। आज्ञा हो तो नाना प्रकार के आभरणों से आपको ऐसे सजा दूँ कि पिनाकी ऐसे विवश हो

जाएँ, जैसे वसंत में ऋतुपति वनस्थली की कुसुम-कुंतला को देखकर मोहित हो जाता है।"

अंबिका हँस पड़ीं। उन्होंने कहा, "ऐसा ही कर।"

आज्ञा पाकर रति ने प्रभावमात्र से उमा को रत्नाभरणों से विभूषित कर दिया और दर्पण सामने करके बोली, "देखिए!"

दर्पण में अपनी छवि को देखकर उमा स्तंभित रह गईं, "बहुत ठीक हुआ। अब अपने पति को भी बुला।"

"जो आज्ञा!" रति ने ध्यान किया। कुछ क्षण बाद ही मदन फूलों के धनुष-बाण लिये प्रादुर्भूत हो गया।

अंबिका बोलीं, "मन्मथ, तुम शीघ्र मेरे साथ वहाँ चलो, जहाँ योगीपति ध्यानमग्न हैं।"

मदन यह सुन कुछ भयभीत हुआ, फिर कहा, "देवी! मुझ दास को ऐसी आज्ञा मत दीजिए। मुझे वह दिन याद है, जब महेश्वर के भालस्थित अग्नि ने सहसा वज्रपात की भाँति मुझे भस्म कर दिया था। उस समय मैंने आर्तनाद करके इंद्र, चंद्र, पवन, सूर्य—सबको पुकारा; परंतु कोई भी नहीं आया। तब से मैं भवेश के स्मरणमात्र से मग्नोद्यम हो जाता हूँ।"

मदन यह सुन कुछ भयभीत हुआ, फिर कहा, "देवी! मुझ दास को ऐसी आज्ञा मत दीजिए। मुझे वह दिन याद है, जब महेश्वर के भालस्थित अग्नि ने सहसा वज्रपात की भाँति मुझे भस्म कर दिया था। उस समय मैंने आर्तनाद करके इंद्र, चंद्र, पवन, सूर्य—सबको पुकारा; परंतु कोई भी नहीं आया। तब से मैं भवेश के स्मरणमात्र से मग्नोद्यम हो जाता हूँ।"

अंबिका ने हँसते हुए कहा, "अनंग, अब तुम भय को त्याग निश्शंक मेरे साथ चलो। उस समय जिस अग्नि ने तुम्हें जलाया था, वह आज तुम्हारी ऐसी पूजा करेगी, जैसे प्राणनाशकारी विष रसायन विधि द्वारा औषधि बनकर प्राणों की रक्षा करता है।"

मदन ने प्रणाम करके उत्तर दिया, "अभये! जब आप अभय-दान देती हैं, तब किसे त्रिभुवन में भय है; परंतु शुभे, आप यदि इस मोहिनी वेश में मंदिर

से बाहर जाएँगी, तो इस रूप-माधुरी को देखकर सारा जगत् मत्त हो जाएगा, इसलिए आप अपने अंगों को माया के आवरण में ढक लीजिए।"

"ऐसा ही सही; चलो।" अंबिका ने माया से अपने शृंगार को छिपा लिया और दोनों चल दिए।

उच्च हिमकूट पर जटाधारी शिव ध्यानस्थ बैठे हए थे। रात्रि का समय था। मदनसहित उमा बादलों को छिन्न-भिन्न करती वहाँ आ पहुँचीं। अंबिका ने हँसकर मदन से कहा, "देव! अब तुम अपने पुष्पवाण छोड़ो।"

कामदेव ने घुटने टेककर बाण छोड़े। बाणों के प्रभाव से असमाधिस्थ होकर शंकर ने चौंककर कहा, "अरे, मन चंचल क्यों हो रहा है?" फिर नेत्र खोलकर इधर-उधर देखने लगे। मदन उमा के चरणों में छिप गया। शंकर ने उमा का मोहिनी रूप देखा, तो बोले, "अरे, प्रिये! तुम इस निर्जन वनस्थली में अकेले कैसे आई हो?"

कामदेव ने घुटने टेककर बाण छोड़े। बाणों के प्रभाव से असमाधिस्थ होकर शंकर ने चौंककर कहा, "अरे, मन चंचल क्यों हो रहा है?" फिर नेत्र खोलकर इधर-उधर देखने लगे। मदन उमा के चरणों में छिप गया। शंकर ने उमा का मोहिनी रूप देखा, तो बोले, "अरे, प्रिये! तुम इस निर्जन वनस्थली में अकेले कैसे आई हो?"

अंबिका हँसती हुई आगे बढ़ आईं। उन्होंने कटाक्ष फेंककर उत्तर दिया, "योगेंद्र! आप मुझ दासी को भूलकर विरल वन में वास करते हैं, इसीलिए श्रीचरणों के दर्शनों की आशा से यहाँ आई हैं। क्या पत्नी का सहचरी को साथ लेकर पति के पास आना अनुचित है?"

"आओ प्रिये! यहाँ बैठो।" कहकर उन्होंने उमा को व्याघ्रचर्म पर स्थान दिया। वसंम ऋतु का प्रादुर्भाव हो। लगा, फूल खिलने लगे। मकरंद लोभी भौंरे गूँजने लगे, कोयल गाने लगी। मलय वायु फैल गई। मदन ने ताककर फिर कुसुम-शर छोड़ा। इससे शिव के मस्तक की अग्नि अंतर्धान हो गई। महादेव मोहन रूप धारण करके हँसने लगे, फिर बोले, "प्रिये! तुम्हारे मन की बात जानता हूँ। देवराज दंपती तुम्हारे पास किस इच्छा से आए थे, वह भी जानता

हूँ। राक्षसराज रावण मेरा भक्त है; परंतु वह दुष्ट अब अपने कुकर्मों से अपनी अवनति कर रहा है, फिर भी उसकी दुर्दशा का स्मरण कर मेरा हृदय विदीर्ण होता है; परंतु देव हो या दानव, कर्म की गति को कोई नहीं रोक सकता।"

"देवाधिदेव! आज दुर्जय मेघनाद निकुंभला यज्ञ पूर्ण कर प्रभात ही में राम का संहार करेगा।"

"उमा! तुम काम को देवेंद्र के पास भेजकर उन्हें कहलाओ कि माया देवी के निकेतन में तुरंत जाए। माया के ही प्रसाद से वीर लक्ष्मण मेघनाद का वध कर सकेगा।"

मदन 'जो आज्ञा' कहकर वायु वेग से वहाँ से चल दिया और इंद्र को योगेंद्र का संदेश दिया। महामाया अपने शक्तीश्वरी मणिमहल में नीलमणि के आसन पर बैठी हुई थीं। उनके शरीर से सूर्य के समान तेज निकल रहा था। वहीं पहुँचकर इंद्र ने उन्हें प्रणाम किया और कहा, "देवी महामाया! मैं महेश के आदेश से आपकी शरण में आया हूँ।"

यह सुन अंबिका ने मदन को आज्ञा दी, "हे अनंग! तुम तुरंत देवराज को योगेंद्र का संदेश दो।"

मदन 'जो आज्ञा' कहकर वायु वेग से वहाँ से चल दिया और इंद्र को योगेंद्र का संदेश दिया। महामाया अपने शक्तीश्वरी मणिमहल में नीलमणि के आसन पर बैठी हुई थीं। उनके शरीर से सूर्य के समान तेज निकल रहा था। वहीं पहुँचकर इंद्र ने उन्हें प्रणाम किया और कहा, "देवी महामाया! मैं महेश के आदेश से आपकी शरण में आया हूँ।"

"देवाधिदेव की क्या आज्ञा है?"

"देवी! मुझ दास को बताइए कि कल सुमित्रानंदन दशाननपुत्र को किस कौशल से जीत सकेंगे? महेश्वर ने कहा है कि आपके ही प्रसाद से सौमित्र अजेय मेघनाद का वध कर सकेंगे।"

माया कुछ सोच में पड़ गईं, फिर कुछ अस्त्रों को देती हुई बोलीं, "जब दानवराज तारकासुर ने तुम्हें पराजित करके देवगण को अति त्रास दिया था, तब कुमार कार्तिकेय को वृषभध्वज ने रुद्र तेज से ओत-प्रोत अस्त्र दिए थे, जिनसे उसने उस असुर का संहार किया था। यही वे अस्त्र हैं। यह अभेद्य ढाल है और

इस खड्ग में स्वयं यमराज का वास है। यह अक्षय तरकश है, इसके बाण महाविषधर कालसर्प के समान हैं और यह वह अमोघ धनुष है।"

इंद्र ने हँसकर कहा, "मुझ दास का रत्नमय धनुष तो इसके सामने अति तुच्छ है। यह श्रेष्ठ ढाल तो सूर्य की भाँति नेत्रों को चकाचौंध कर रही है। यह कृपाण भी अग्निशिखा की भाँति महा तेजस्कर है। ऐसा तरकश भी अन्य नहीं है।"

"देवराज! निश्चय ही इन्हीं अस्त्रों से मेघनाद की मत्यु होगी; परंतु त्रिभुवन में ऐसा कोई नहीं है, जो न्याययुद्ध में मेघनाद का वध कर सके। तुम इन अस्त्रों को लक्ष्मण के पास भेज दो। कल मैं स्वयं लंकापुरी जाकर लक्ष्मण की संग्राम में रक्षा करूँगी। हे बली सहस्राक्ष! कल जब उषा के आगमन से फूल खिलेंगे और पूर्व दिशा उज्ज्वल होगी, उससे प्रथम ही वीरेंद्र लक्ष्मण तुम्हारे चिरशत्रु को मारकर तुम्हें त्रासहीन करेगा और लंका का सौभाग्य-सूर्य अस्त हो जाएगा। अब तुम सुरपुर को जाओ।"

देवराज! निश्चय ही इन्हीं अस्त्रों से मेघनाद की मत्यु होगी; परंतु त्रिभुवन में ऐसा कोई नहीं है, जो न्याययुद्ध में मेघनाद का वध कर सके। तुम इन अस्त्रों को लक्ष्मण के पास भेज दो। कल मैं स्वयं लंकापुरी जाकर लक्ष्मण की संग्राम में रक्षा करूँगी।

इंद्र वंदना कर और अस्त्र ले वहाँ से चल दिए। अपनी पुरी में आकर इंद्र ने चित्ररथ को उन अस्त्रों को देकर कहा, "गंधर्वराज! तुम इन अस्त्रों को बड़े यत्न से लंका ले जाओ। राम से कहना कि इन्हीं अस्त्रों से दुरंत रिपु मेघनाद का वध होगा। किस प्रकार से वध करना होगा, यह मायादेवी स्वयं ही सौमित्र को कहेंगी। तुम उनसे यह भी कहना कि इंद्रलोकवासी उनके मंगलाकांक्षी हैं और माहेश्वरी उमा उनपर प्रसन्न हैं। रावणि के मरने पर रावण अवश्य ही मारा जाएगा। राम को अभय प्रदान करना और कहना, वे अवश्य वैदेही को प्राप्त करेंगे।"

चित्ररथ बोला, "देवराज! इतने अल्प समय में मैं कैसे लंका पहुँचूँगा? फिर दैत्य मुझे लंकापुरी में देखकर विवाद करें तो?"

"रथिवर! तुम मेरे रथ पर चढ़कर जाओ। यदि कदाचित् राक्षस तुम्हें लंकापुरी में देखकर विवाद करें, तो मैं मेघदल को गगनाच्छादित करने के लिए

आज्ञा दूँगा और प्रभंजन को बुलाकर वायुकुल को मुक्त करवा दूँगा, चपला चमकने लगेगी और वज्र-गर्जन से गगन परिपूर्ण हो जाएगा।"

'जो आज्ञा!' कहकर चित्ररथ चल दिया। उसके जाने पर इंद्र ने प्रभंजन को आज्ञा दी, "वायुपति! तुम लंकापुरी में इस समय प्रबल आँधी चलाओ। समस्त वायुदल को छोड़ दो और मेघदल को साथ लेकर अपने बैरी सिंधु से क्षण-काल के लिए खूब द्वंद्व करो।"

प्रभंजन भी 'जो आज्ञा' कहकर चल दिया।

'जो आज्ञा!' कहकर चित्ररथ चल दिया। उसके जाने पर इंद्र ने प्रभंजन को आज्ञा दी, "वायुपति! तुम लंकापुरी में इस समय प्रबल आँधी चलाओ। समस्त वायुदल को छोड़ दो और मेघदल को साथ लेकर अपने बैरी सिंधु से क्षण-काल के लिए खूब द्वंद्व करो।"
प्रभंजन भी 'जो आज्ञा' कहकर चल दिया।

लंका में एकाएक आँधी चलने लगी, बिजली कड़कने और मेघ गरजने लगे। प्रलय का सा अंधकार हो गया। समुद्र में तूफान उठने लगे। रात्रि के ऐसे भयंकर समय में चित्ररथ का ज्योतिर्मय रथ राम के सम्मुख उतरा। वानरयूथ आश्चर्यचकित उसे देखने लगे। रथी चौकन्ने होकर शस्त्रु सँभालने लगे। राम ने अनुचरों सहित आगे बढ़कर चित्ररथ से पूछा, "हे दिव्यरूप पूज्यवर! आप कौन हैं और दास आपकी क्या सेवा कर सकता है? बैठाने योग्य स्वर्णासन मेरे पास नहीं है, तथापि मुझ दास पर कृपा कर इस कुशासन पर बैठिए।"

चित्ररथ ने कुशासन पर बैठकर कहा, "दाशरथि, मेरा नाम चित्ररथ है, मैं गंधर्वराज हूँ और मैं देवेंद्र की आज्ञा से आपके पास आया हूँ। देवराज सब भाँति आपका मंगल चाहते हैं। ये अस्त्र लक्ष्मण के लिए देवराज ने भेजकर कहलाया है कि इन्हीं से अजेय रावणि मारा जाएगा। मायादेवी उषा के उदय-काल में प्रकट होकर स्वयं यह बताएँगी कि किस भाँति वीर मेघनाद मारा जाएगा।"

"गंधर्वराज, इस शुभ संवाद से मुझे अतिशय आनंद हुआ है। हे देव! मैं

तुच्छ नर हूँ। फिर कैसे अपनी कृतज्ञता प्रकट करूँ?"

चित्ररथ ने हँसकर कहा, "रघुवीर, देवगण तो धर्मानुष्ठान से ही प्रसन्न होते हैं। सो आप परमधर्मिष्ठ हैं। आप देवकुल के प्रिय हैं। महामाया अभया आप पर प्रसन्न हैं।"

"हे देव, मैं आपको प्रणाम करता हूँ।"

"राक्षसों के उपद्रव के भय से देवराज इंद्र ने मेरे साथ मेघ, आँधी और बिजली भेज दी थी। संसार इस प्रलय के गर्जन-तर्जन से क्षुब्ध हो रहा है। अब मैं जाता हूँ। मेरे जाने पर ही इनका वेग शांत होगा। आपका कल्याण हो।"

यह कह चित्ररथ रथ पर बैठ वायुवेग से चल दिए। सब लोग चकित हो देखने लगे।

चार

सूर्य अस्त हो रहा था। मेघनाद के प्रमोद वन में भाँति-भाँति के फूल खिले थे और फव्वारे चल रहे थे। सखियाँ इधर-उधर फूल चुनती फिर रही थीं। कुछ मालाएँ गूँथ रही थीं। सुलोचना अपने पति मेघनाद के विरह में व्याकुल हो स्फटिक शिला पर अधोमुख पड़ी रो रही थी। सखियाँ विषण्णवदन उसके निकट बैठ बाँसुरी, वीणा, मृदंग, बजाकर उसे प्रसन्न करने का विफल प्रयत्न कर रही थीं।

सूर्य अस्त हो रहा था। मेघनाद के प्रमोद वन में भाँति-भाँति के फूल खिले थे और फव्वारे चल रहे थे। सखियाँ इधर-उधर फूल चुनती फिर रही थीं। कुछ मालाएँ गूँथ रही थीं। सुलोचना अपने पति मेघनाद के विरह में व्याकुल हो स्फटिक शिला पर अधोमुख पड़ी रो रही थी।

सुलोचना ने एक सखी के गले में हाथ डालकर कहा, "देख सखी, यह अँधेरी रात कालसर्पिणी की भाँति मुझे डसने आ रही है। अरी, इस अंधनिशा में अरिंदम इंद्रजीत कहाँ है? 'अभी आऊँगा' कहकर वह महाबली चला गया। अभी तक नहीं आया। कहो, इतना विलंब क्यों हो रहा है?"

सखी ने उत्तर दिया, "प्यारी सखी, मैं नहीं जानती कि वे क्यों अभी तक नहीं आए, किंतु सखी, चिंता न करो। वे राम का नाश करके आ ही रहे होंगे। अरी, जिसका शरीर सुरासुर के शरों से अभेद्य है, उससे कौन युद्ध करेगा? फिर तुम्हारे सतीत्व के प्रभुत्व से तुम्हारे प्राणनाथ पृथ्वी पर अजेय हैं। लो, ये पुष्पमालाएँ हमने गूँथी हैं, तुम हँस-हँसकर स्वामी के कंठ में डालना।"

सुलोचना ने सूर्यमुखी का कुम्हलाया फूल देखकर कहा, "अरे फूल, सूर्य के बिना तेरी इस निशाकाल में जो दशा हो रही है, वह खूब अनुभव कर रही हूँ मैं। अरे, तेरी ही भाँति मेरे हृदय में भी इस समय अंधकार-ही-अंधकार है।"

सुलोचना ने सूर्यमुखी का कुम्हलाया फूल देखकर कहा, "अरे फूल, सूर्य के बिना तेरी इस निशाकाल में जो दशा हो रही है, वह खूब अनुभव कर रही हूँ मैं। अरे, तेरी ही भाँति मेरे हृदय में भी इस समय अंधकार-ही-अंधकार है।" सखी ने उसे धीरज देते हुए कहा, "प्यारी, इतनी अधीर मत हो।"

सखी ने उसे धीरज देते हुए कहा, "प्यारी, इतनी अधीर मत हो।"

"अरी, विच्छेद की इस ज्वाला से तो प्राण चले जाते हैं। मैं जिस सूर्य के तेज के सहारे जीती थी, वह तो अस्ताचल को जा रहा है। यह सूर्यमुखी तो उषाकाल में फिर सूर्य को देख लेगा, पर क्या मैं भी कुछ आशा करूँ?"

"अवश्य, तुम उषा के उदय होने पर अपने प्राणनाथ से उसी भाँति मिलकर प्रसन्न होगी, जिस भाँति चकवी चकवा से मिलकर तृप्त होती है।"

"अरी, यह कालरात्रि कैसे व्यतीत होगी? उषा का उदय क्या अभी होगा? तब तक तो मैं इस वियोगाग्नि में जलकर भस्म हो जाऊँगी। सखी, मैं तो लंका में उनके पास अभी जाऊँगी।"

"आज तुम लंका में कैसे जाओगी? अलंघ्य सागर के समान राम के वानर सैन्य ने लंकापुरी को घेर रखा है। साक्षात् यमराज के समान असंख्य दंडधारी योद्धा चारों ओर चौकन्ने होकर फिर रहे हैं।"

सुलोचना ने क्रुद्ध सी होकर कहा, "अरी, यह तू क्या बकती है? क्या तू यह नहीं जानती कि जब नदी अपना पर्वत-गृह छोड़कर समुद्र से मिलने को

गमन करती है, तब किसकी सामर्थ्य है, जो उसे रोके? मैं दानवनंदिनी और राक्षसकुलवधू हूँ। विश्वविख्यात राक्षसराज रावण मेरा श्वसुर और अजेय इंद्रजीत मेरा पति है। क्या मैं भिखारी राम से डरती हूँ? मैं अपने भुजबल से लंका में प्रवेश करूँगी। देखूँ, कौन मुझे रोकता है। सखियों, सज्जित हो जाओ, दुंदुभी बजा दो, तलवार म्यान से निकाल लो, धनुषों को टंकार लो, तरकशों को कालशरों से भर लो। गिरिश्रृंग, कंदरा, सागर और वन आज कंपायमान होंगे। आज मैं बलपूर्वक शत्रुशिविर को भेदकर लंका में प्रवेश करूँगी। लाओ मेरे अस्त्र-कवच-अश्व।"

सखियाँ दौड़कर सुलोचना को समर-साज लाकर सजाने लगीं। शीश पर जड़ाऊ किरीट, उन्नत वक्ष पर लौहवर्म, कमर में रत्नजटित कमरबंद, पीठ पर स्वर्णढाल, नीलम के कोश में सूक्ष्म तलवार, हाथ में भयानक शूल; इस वीरवेश में सजकर सुलोचना ने बिजली की भाँति कड़ककर कहा, "वीर दैत्यबालाओ, मैं यह प्रतिज्ञा करती हूँ कि निज भुजबल से राघव के कटक को पराजित कर मैं नगर में प्रवेश करूँगी और वीरेंद्र के पास जाऊँगी। हम दानवबालाएँ हैं। शत्रु का वध करना अथवा शत्रुशोणित नद में डूब मरना दानवकुल का नियम है। हमारे अधर में मधु और लोचन में गरल है। चलो, तनिक राम का बल देखें। अरी! मैं क्षण भर उस रूप को देखूँगी, जिसे देखकर शूर्पणखा पंचवटी में मोहित हो गई थी। मैं उस यति लक्ष्मण को देखूँगी, जिसने लंका को भयाकुल बना रखा है। मैं उस राक्षसकुलांगार विभीषण को नागपाश में बाँध लाऊँगी। जैसे हथिनी कमलवन को कुचलती है, उसी भाँति मैं उस भिक्षुक राम के सैन्य को आज कुचल डालूँगी।"

वीर दैत्यबालाओ, मैं यह प्रतिज्ञा करती हूँ कि निज भुजबल से राघव के कटक को पराजित कर मैं नगर में प्रवेश करूँगी और वीरेंद्र के पास जाऊँगी। हम दानवबालाएँ हैं। शत्रु का वध करना अथवा शत्रुशोणित नद में डूब मरना दानवकुल का नियम है। हमारे अधर में मधु और लोचन में गरल है। चलो, तनिक राम का बल देखें।

सब दैत्यबालाएँ जोर से हुंकार भर अपने-अपने शस्त्र सजाने लगीं। धौंसे

बजने, घोड़े हिनहिनाने और हाथी चिंघाड़ने लगे।

सुलोचना एक सौ वीरांगनाओं सहित घोड़े पर सवार, अस्त्र-शस्त्रों से सज्जित, सैकड़ों मशालों सहित लंका के पश्चिम द्वार पर पहुँची। संगिनियों के एक हाथ में तलवार तथा दूसरे में मशाल थी। एकाएक सब स्त्रियाँ भीषण शंखध्वनि कर अपने-अपने धनुष टकराने लगीं। उनकी यह टंकार सुन वानरयूथ चौंक पड़े। द्वाररक्षक हनुमान ने आगे आ गरजकर पूछा, "तुम कौन हो और इस रात्रि में प्राण गँवाने यहाँ कैसे आई हो? क्या तुम नहीं जानतीं कि इस द्वार पर हनुमान का जाग्रत् पहरा है, जिसका नाम सुनकर राक्षसपति रावण थरथर काँपता है? कहो, तुम कौन हो और क्यों माया से यह स्त्रीवेश बनाया है! मैं बाहुबल से माया का भेदन करता हूँ। मेरा स्वभाव है कि जहाँ शत्रु मिला, वहीं कुचल दिया।"

सुलोचना की एक सखी ने उत्तर दिया, "अरे पशु, तुझ क्षुद्र जीव के कौन मुँह लगे। अपने स्वामी राम को यहाँ बुला ला। सिंहिनी श्रृगाल से विवाद नहीं करती। जा, मैं तुझे छोड़ देती हूँ। तूने अरिंदम इंद्रजीत का नाम सुना होगा, सती सुलोचना उनकी पत्नी हैं। वे पति-पद पूजने निज बाहुबल से लंकापुरी में प्रवेश करेंगी। तू जाकर सीतापति, लक्ष्मण आदि दुर्दमनीय वीरों को और राक्षसकुलकलंक विभीषण को शीघ्र बुला। अरे मूढ़! आज हम देखेंगी, किस योद्धा में कितना बल है!"

"सुंदरी! मेरे प्रभु राम सिंधु को शिलाओं से बाँधकर असंख्य वीरों के साथ इस पुरी में आए हैं। राक्षसराज उनका वैरी है; तुम अबलाओं से उनका विवाद नहीं है। तुम क्या चाहती हो, सो निर्भय होकर कहो, मैं जाकर प्रभुपद में निवेदन करूँ।"

"सुंदरी! मेरे प्रभु राम सिंधु को शिलाओं से बाँधकर असंख्य वीरों के साथ इस पुरी में आए हैं। राक्षसराज उनका वैरी है; तुम अबलाओं से उनका विवाद नहीं है। तुम क्या चाहती हो, सो निर्भय होकर कहो, मैं जाकर प्रभुपद में निवेदन करूँ।"

यह सुन सुलोचना आगे बढ़कर बोली, "राम मेरे पति का वैरी अवश्य है, परंतु मैं इस कारण से उससे विवाद करना नहीं चाहती। मेरे पति त्रिभुवन विजयी

हैं, अत: उनके रहते मेरा रिपु से युद्ध करने का प्रयोजन नहीं, परंतु स्मरण रखो, जो विद्युच्छटा नेत्रों का रंजन करती है, उसके स्पर्शमात्र ही से प्राणी भस्म हो जाता है। सो, हम उसी भाँति की सुंदरियाँ हैं। यदि कोई हमारी इच्छा में बाधा उपस्थित करता है तो हम उसे बिना मारे नहीं छोड़तीं। सो हे शूर! तुम मेरी इस सखी को राम के पास ले जाओ। यह विस्तार से उसे मेरी प्रार्थना कह देगी।"

हनुमान सुलोचना की दूती को साथ लेकर राम के शिविर की ओर चले।

राम व्याघ्रचर्म पर बैठे थे, सामने धनुष लिये लक्ष्मण खड़े थे, बगल में विभीषण और अन्य वीर थे। विविध दिव्य शस्त्र चमक रहे थे। धूपदान में धूप जल रहा था। सहसा सैन्य कोलाहल सुन विभीषण ने भयभीत हो कहा, "प्रभु, यह कैसा प्रकाश है? क्या असमय ही उषा का उदय हो गया?"

राम व्याघ्रचर्म पर बैठे थे, सामने धनुष लिये लक्ष्मण खड़े थे, बगल में विभीषण और अन्य वीर थे। विविध दिव्य शस्त्र चमक रहे थे। धूपदान में धूप जल रहा था। सहसा सैन्य कोलाहल सुन विभीषण ने भयभीत हो कहा, "प्रभु, यह कैसा प्रकाश है? क्या असमय ही उषा का उदय हो गया?"

राम ने आश्चर्य से देखकर कहा, "यह तो कोई भैरवी सी वामा या दानवी चली आ रही है। यह लंका मायापुरी है और तुम्हारा ज्येष्ठ आता कामरूप है। मित्र, भलीभाँति देखो, यह क्या रहस्य है? इस विपत्तिकाल में इस दुर्बल सैन्य की रक्षा इस राक्षसपुरी में तुम्हीं कर सकते हो।"

हनुमान दूती सहित वहाँ आ पहुँचे और हाथ जोड़कर बोले, "प्रभु, जब मैं अलंघ्य सागर को लाँघकर लंका में आया, तब भयंकर प्रचंडाकार में कपाल और खड्ग लिये मुंडमाल पहने वहाँ फिरती मैंने देखी थी। फिर मैंने मंदोदरी आदि शशिकला समान सभी अनिंद्य राक्षस कुलवधुओं को घर-घर जाकर देखा था। सबके अंत में अशोक वन में शोक-संतप्त माता जानकी के भी दर्शन किए थे। किंतु जो तेजमूर्ति रूप-उजागरी दैत्यबाला आज मैंने देखी, वह तो त्रिभुवन में कहीं किसी ने न देखी होगी। हे नाथ, वह मेघनाद धन्य है, जिसने मेघरूपी पाश में इस सौदामिनी को बाँध रखा

है। वही दैत्यबाला सुलोचना सिंहिनी की भाँति सौ वीरांगनाओं सहित शिविर के द्वार पर उपस्थित है। उसकी प्रार्थना चरणों में निवेदन करने यह दूती आई है।"

दूती ने आगे बढ़ हाथ जोड़कर निवेदन किया, "मैं राघवेंद्र और सब गुरुजनों के पदों में प्रणाम करती हूँ। मेरा नाम नरमुंडमालिनी है। मैं वीरेंद्र केसरी इंद्रजीत की पत्नी दैत्यबाला सुलोचना की दासी हूँ।"

राम ने उसे आशीष देकर कहा, "दैत्यबाले, तुम किसलिए मेरे पास आई हो? तुम्हारी सती स्वामिनी को मैं किस प्रकार संतुष्ट कर सकता हूँ?"

सुंदरी, मैं अकारण किसी से विवाद नहीं करता। रावण मेरा शत्रु है और तुम सब उसकी कुलवधुएँ हों, किंतु क्या तुमने कोई अपराध किया है, जो मैं तुम्हारे साथ वैरी जैसा बरताव करूँ? राम का जन्म वीरकुल में हुआ है, तुम्हारी स्वामिनी वीरपत्नी है, मैं सहस्र मुख उसकी पतिमक्ति की प्रशंसा करता हूँ और बिना युद्ध किए ही हार मान लेता हूँ।

"हे वीर! आप बाहर आकर हम सबसे युद्ध कीजिए अथवा मार्ग दीजिए। सती सुलोचना पति-पद पूजने लंका में जाना चाहती हैं। आपने बाहुबल से अनेक राक्षसवीरों का वध किया है, अब राक्षसवधू आपसे युद्ध करना चाहती हैं। हे सीतापति! अब उनसे युद्ध होने दो। हम एक सौ हैं, आप जिसे कहेंगे, वह अकेली युद्ध करेगी। चाहे धनुष-बाण लो, चाहे ढाल-तलवार, मल्लयुद्ध में भी हमें आपत्ति नहीं। जैसी भी रुचि हो, अब विलंब का काम नहीं।"

यह कहकर वह सिर नीचा किए खड़ी हो गई।

राम ने उत्तर दिया, "सुंदरी, मैं अकारण किसी से विवाद नहीं करता। रावण मेरा शत्रु है और तुम सब उसकी कुलवधुएँ हों, किंतु क्या तुमने कोई अपराध किया है, जो मैं तुम्हारे साथ वैरी जैसा बरताव करूँ? राम का जन्म वीरकुल में हुआ है, तुम्हारी स्वामिनी वीरपत्नी है, मैं सहस्र मुख उसकी पतिमक्ति की प्रशंसा करता हूँ और बिना युद्ध किए ही हार मान लेता हूँ। जगत् को विदित है कि राम भिक्षुक है, इसलिए तुम्हें आशीर्वाद देता हूँ कि तुम प्रसन्न रहो।"

फिर उन्होंने हनुमान से कहा, "हे मारुति! तुम तुरंत सावधानी से वामादल को संतुष्ट कर शिविर से पार निकाल दो।"

हनुमान पद-वंदना कर चल दिए, दूती भी चल दी।

विभीषण हँसकर बोले, "रघुपति, तनिक बाहर आकर सुलोचना का पराक्रम देखिए। कैसा अपूर्व कौतुक है! कहिए, इस वीर्यवती रणचंडी से कौन युद्ध कर सकता है?"

"मित्र, मैं तो दूती की आकृति देखकर शंकित हो गया था। अरे, इस बाघिनी को जो छेड़े, वह मूढ़ है। वह हमारे कटक के बीच कैसे जा रही है, जैसे दो पर्वतों के बीच हथिनी जाती है। मित्र, ये विद्युत्-प्रभा सी वामाएँ कौन-कौन हैं?"

"सबसे आगे कृष्णवर्ण घोड़े पर हाथ में हेमध्वज लिये नरमुंडमालिनी है। उसके पीछे अतुलित विद्याधरी की भाँति शोभायमान बाघ्रकरी है। देखिए, वीणा, बाँसुरी, मृदंग, मंजीरा सब यंत्र मधुर ध्वनि से बज रहे हैं। उनके पीछे वीरांगनाओं के बीच शूलपाणि सुलोचना है।"

"वाह, जैसे सिंह की पीठ पर महिषमर्दिनी दुर्गा! उसी भाँति यह वीर्यवती अपने वामादल के साथ वैरी दल का तिनके भर भी भय न मानकर किस भाँति धीरगति से जा रही है! मित्र चित्ररथ रथी ने जो कहा था कि साक्षात् मायादेवी मुझ दास को सहायता देने आएँगी, कहीं यही तो वे नहीं हैं? कहीं देवी ने ही छल से लंका में न प्रवेश किया हो।"

वाह, जैसे सिंह की पीठ पर महिषमर्दिनी दुर्गा! उसी भाँति यह वीर्यवती अपने वामादल के साथ वैरी दल का तिनके भर भी भय न मानकर किस भाँति धीरगति से जा रही है! मित्र चित्ररथ रथी ने जो कहा था कि साक्षात् मायादेवी मुझ दास को सहायता देने आएँगी, कहीं यही तो वे नहीं हैं? कहीं देवी ने ही छल से लंका में न प्रवेश किया हो।

"राघव, विख्यात दैत्य कालनेमि की तनया सुलोचना यही है। इसका जन्म महाशक्ति से हुआ है। इसे पराजित करने की शक्ति किसमें है? जिस सिंह के भय से सहस्राक्ष इंद्र सुख की नींद नहीं सोता है, उसे इसने पदतल में डाल रखा है।

जैसे जलधारा दावानल को शमित करती रहती है, वैसे ही यह दैत्यबाला अपने प्रेमालाप से कालाग्नि रूप मेघनाद को शांत किए रहती है। तभी स्वर्ग में देवता, पाताल में नाग, नरलोक में नर सुख से रह पाते हैं।"

"सत्य है मित्र, मेघनाद महारथी है। मैंने परशुराम को युद्ध में पर्वत के समान अटल देखा है, परंतु मेघनाद उनसे अधिक अटल है। किंतु देखो, अब क्या किया जाए? अब तो सिंहिनी सिंह के साथ आकर मिल गई। हे सखे! रावण कालसर्प है और मेघनाद उसका विषदंत है, उसी के तेज से वह तेजवान हो रहा है। वह विषदंत किसी भाँति टूटे तो मेरा मनोरथ सफल हो। नहीं तो सेतु बाँधकर इस कनकलंका में आना व्यर्थ है।"

सत्य है मित्र, मेघनाद महारथी है। मैंने परशुराम को युद्ध में पर्वत के समान अटल देखा है, परंतु मेघनाद उनसे अधिक अटल है। किंतु देखो, अब क्या किया जाए? अब तो सिंहिनी सिंह के साथ आकर मिल गई। हे सखे! रावण कालसर्प है और मेघनाद उसका विषदंत है, उसी के तेज से वह तेजवान हो रहा है।

"राघव, आप सत्य कहते हैं। परंतु राक्षसकुल तो अपने ही पाप से नष्ट हो रहा है। मेघनाद का वध अवश्य होगा, परंतु सावधान रहिए, सुलोचना महावीर्यवती है और उसकी संगिनियाँ सिंहिनी हैं। जिस वन में सिंहिनियाँ आती-जाती हों, वहाँ के निवासियों को सदा सावधान रहना चाहिए। रात्रि में सबको चौकन्ना रहना होगा।"

"मित्र, आप कृपा कर लक्ष्मण के साथ द्वार-द्वार जाकर सब सेना का निरीक्षण कर लें कि कौन कहाँ जाग रहा है। वीरवाहन के युद्ध से सब थक गए हैं। देखना चाहिए कि अंगद कहाँ है, नल-नील और सुग्रीव कहाँ हैं। पश्चिमी द्वार पर धनुष-बाण लिये मैं उपस्थित हूँ।"

पाँच

बहुत रात्रि व्यतीत हो चुकी थी। परंतु देवराज इंद्र अभी तक कुसुम शैया पर नहीं गए थे। शची मोहिनी रूप धरे सम्मुख खड़ी थी और अप्सराएँ हाथ बाँधे उपस्थित थीं।

शची ने कहा, "देवराज, आपकी इस चरणदासी ने ऐसा क्या अपराध किया कि आप कुसुम शैया से विरत होकर चिंतामग्न बैठे हैं? मेनका भय से चौंक पड़ती है, उर्वशी जड़वत् खड़ी है, चित्रलेखा चित्रलिखित सी खड़ी है। निद्रादेवी भय से आपके निकट आने का साहस नहीं करती। भला, यह घोर रात्रि क्या जागरण करने के योग्य है?"

देवराज, आपकी इस चरणदासी ने ऐसा क्या अपराध किया कि आप कुसुम शैया से विरत होकर चिंतामग्न बैठे हैं? मेनका भय से चौंक पड़ती है, उर्वशी जड़वत् खड़ी है, चित्रलेखा चित्रलिखित सी खड़ी है। निद्रादेवी भय से आपके निकट आने का साहस नहीं करती। भला, यह घोर रात्रि क्या जागरण करने के योग्य है?

"देवी, मैं यह सोच रहा हूँ कि कल लक्ष्मण कैसे दुष्ट मेघनाद का वध करेगा।"

"कांत, लक्ष्मण को वे अस्त्र तो मिल ही गए, जिनसे तारक का वध किया गया था। आपके भाग्य से शंकर और पार्वती अपने पक्ष में हैं। मायादेवी स्वयं लक्ष्मण को विधि बताएँगी, फिर अब यह चिंता क्यों?"

"देवी, तुम्हारा कहना सत्य है, परंतु मेरी समझ में नहीं आता कि माया कैसे लक्ष्मण की सहायता करेगी। प्रिये, पृथ्वी पर मेघनाद की गर्जना से ऐरावत स्थिर हो जाता है और मेरा साहस भाग जाता है। लक्ष्मण महाबली है, परंतु अजेय मेघनाद के सम्मुख वह क्या है!"

इंद्र दु:खित होकर ठंडी साँस लेने लगे। शची-मेनका-उर्वशी आदि निकट आकर मौन अधोमुखी खड़ी हो गईं। तभी मायादेवी सहसा आ उपस्थित हुईं।

उनके आने से कक्ष में प्रकाश भर गया। देवेंद्र सिंहासन त्याग खड़े हो गए। देवी स्वर्णासन पर बैठ गईं।

इंद्र ने कहा, "माता, अपनी इच्छा मुझसे कहिए।"

"देवराज, मैं लंकापुरी को जाती हूँ। देखो, प्रभात हो रहा है। आनंदमयी उषा उदय-शिखर पर हँसती हुई निकलेगी। साथ ही लंका का सौभाग्य-सूर्य अस्ताचल में डूबेगा। मैं लक्ष्मण को यज्ञागार में ले जाऊँगी और राक्षस दल को मायाजाल में घेर लूँगी। फिर वह निरस्त्र बली देवास्त्रघात से मरेगा। परंतु जब रावण यह समाचार सुनेगा तो पुत्रशोक में वह विकल होकर यम की भाँति युद्ध करेगा, उस समय उससे राम-लक्ष्मण और विभीषण को कौन बचा सकेगा? यह सोच लो।"

"महादेवी, यदि कल मेघनाद मर जाए तो फिर मैं समस्त सुरसैन्य लेकर संग्राम में लक्ष्मण की रक्षा करने जाऊँगा। आपके चरण-प्रताप से मैं रावण से नहीं डरता। आप तो उस दुर्धर्ष मेघनाद का घात कीजिए। फिर कल मैं स्वयं भूतल पर जाकर वज्र-प्रहार से राक्षसराज को नष्ट कर दूँगा।"

"महादेवी, यदि कल मेघनाद मर जाए तो फिर मैं समस्त सुरसैन्य लेकर संग्राम में लक्ष्मण की रक्षा करने जाऊँगा। आपके चरण-प्रताप से मैं रावण से नहीं डरता। आप तो उस दुर्धर्ष मेघनाद का घात कीजिए। फिर कल मैं स्वयं भूतल पर जाकर वज्र-प्रहार से राक्षसराज को नष्ट कर दूँगा।"

माया ने हँसकर कहा, "यही ठीक है, तो अब मैं लंका चली। स्वप्नदेवी कहाँ है?"

स्वप्नदेवी ने उपस्थित होकर कहा, "माता की क्या आज्ञा है?"

"तुम वायु की गति से राम के कटक में जाओ और सुमित्रा के रूप में लक्ष्मण के सिरहाने बैठकर उससे कहो कि लंका के उत्तर वनराजि के बीच एक सरोवर है, उसके किनारे पर चंडी का स्वर्णमय मंदिर है, तुम वहाँ स्नान कर विविध पुष्पों से दानव-दमनीया की भक्तिभाव से पूजा करो। उसके प्रसाद से ही तुम दुर्मद मेघनाद का वध कर सकोगे।"

"जो आज्ञा।" कह स्वप्नदेवी विलीन हो गई।

माया ने उठते हुए कहा, "अब मैं भी चली।"

उनके जाने पर इंद्र ने प्रेम से इंद्राणी का हाथ पकड़कर कहा, "चलो प्रिये, अब सुख से शयन करें।"

उधर राम-शिविर में राम और लक्ष्मण कुशशैया पर सो रहे थे। सुभट पहरा लगा रहे थे। एकाएक लक्ष्मण चौंककर उठ बैठे और कहने लगे, "मातेश्वरी, एक बार फिर दर्शन दीजिए, मैं आपकी चरणरज मस्तक पर चढ़ाकर मनोकामना पूर्ण करना चाहता हूँ। आपने जो संदेश दिया, क्या वह सत्य है?"

लक्ष्मण की बात सुनकर राम की भी नींद टूट गई। उन्होंने कहा, "वत्स लक्ष्मण, अधीर क्यों हो रहे हो?"

लक्ष्मण ने उन्हें प्रणाम करके कहा, "महाराज, मैंने एक अद्भुत स्वप्न अभी देखा है। माता सुमित्रा ने मुझे आदेश दिया कि उठो, प्रभात हो रहा है, लंका के उत्तर कूल पर चंडी का स्वर्णमंदिर है, तुम वहाँ जाओ और सरोवर में स्नान कर देवी की विविध पुष्पों से पूजा करो, तो उनके प्रसाद से तुम दुर्मद मेघनाद का वध कर सकोगे।"

लक्ष्मण ने उन्हें प्रणाम करके कहा, "महाराज, मैंने एक अद्भुत स्वप्न अभी देखा है। माता सुमित्रा ने मुझे आदेश दिया कि उठो, प्रभात हो रहा है, लंका के उत्तर कूल पर चंडी का स्वर्णमंदिर है, तुम वहाँ जाओ और सरोवर में स्नान कर देवी की विविध पुष्पों से पूजा करो, तो उनके प्रसाद से तुम दुर्मद मेघनाद का वध कर सकोगे।"

यह सुन राम ने विभीषण को बुलाकर कहा, "मित्रवर, इस राक्षसपुरी में तुम्हीं मेरे परम रक्षक हो, कहो अब क्या कहते हो?"

विभीषण स्वप्न सुनकर कहने लगे, "देव, इस वन में जो सरोवर-कूल पर चंडी का मंदिर है, उसमें राक्षसनाथ स्वयं सती की पूजा करता है। वह एक भयंकर स्थल है, इसलिए वहाँ कोई नहीं जाता। सुना है, वहाँ स्वयं त्रिशूली शिव द्वार पर पहरा देते हैं। जो कोई वहाँ माँ की पूजा करता है, वह जयी होता है।

यदि वीर सौमित्र उस वन में प्रवेश कर सकें तो अवश्य मनोरथ में सफल हो सकते हैं।"

लक्ष्मण बोल पड़े, "मैं अवश्य वहाँ जाऊँगा। कौन मेरी गति को रोक सकता है!"

राम ने कहा, "वत्स, तुमने मेरे लिए बहुत-कुछ सहन किया। अब मैं तुम्हें इस स्थल पर भेजते भय खाता हूँ। परंतु दैव की यही इच्छा है तो जाओ, सावधान रहना, देवता तुम्हारी रक्षा करेंगे।"

रात्रि ढल रही थी, शीतल मंद समीर बह रही थी। चंडी के उद्यान के सरोवर में स्वच्छ जल पर बड़े-बड़े कमलपुष्प फूल रहे थे। मंदिर के द्वार पर त्रिशूली शिव की छाया दीख पड़ती थी। ललाट पर शशिकला, सिर पर जटाजूट, बीच में जाह्नवी की शुभ्ररेख, अंग में विभूति, दाहिने हाथ में विकराल त्रिशूल।

लक्ष्मण ने तलवार नंगी कर राम के चरण छूकर कहा, "आप किसी भाँति की चिंता न करें। मैं अभी देवी का वरदान प्राप्त करके आता हूँ।"

रात्रि ढल रही थी, शीतल मंद समीर बह रही थी। चंडी के उद्यान के सरोवर में स्वच्छ जल पर बड़े-बड़े कमलपुष्प फूल रहे थे। मंदिर के द्वार पर त्रिशूली शिव की छाया दीख पड़ती थी। ललाट पर शशिकला, सिर पर जटाजूट, बीच में जाह्नवी की शुभ्ररेख, अंग में विभूति, दाहिने हाथ में विकराल त्रिशूल।

लक्ष्मण वहीं पहुँचकर त्रिशूली शिव की छाया के चरणों में गिरकर बोले, "हे चंद्रचूड़! त्रिभुवन विख्यात रघुकुलमणि दशरथ का पुत्र यह दास लक्ष्मण आपके चरणों में प्रणाम करता है।"

छाया ने आशीर्वाद दिया, "हे सौभाग्यशाली! तुम्हारी जय हो।"

लक्ष्मण ने तलवार निकालकर कहा, "प्रभो, कृपया रास्ता छोड़ दीजिए। मैं कानन में प्रवेश करके चंडी की पूजा करना चाहता हूँ अथवा मुझ दास से युद्ध कीजिए। देवाधिदेव, मैं विलंब नहीं कर सकता, मैं धर्म की दुहाई देकर यह निवेदन करता हूँ।"

शिव हँस दिए। बोले, "सौमित्र, मैं तुम्हारे साहस की प्रशंसा करता हूँ।

आज तुम पर प्रसन्नमयी प्रसन्न हैं, फिर मैं कैसे तुम्हारे साथ युद्ध कर सकता हूँ! जाओ पूजा करो।"

यह कहकर शिवमूर्ति अंतर्धान हो गई। लक्ष्मण आगे बढ़े, परंतु विकट गर्जन सुन चौंककर क्या देखते हैं कि एक भयानक सिंह पूँछ हिलाता आ रहा है। लक्ष्मण ने तलवार खींच ली, परंतु सिंह लक्ष्मण की परिक्रमा कर वहाँ से चला गया। बादल गरजे, बिजली तड़पी, भयानक आधी आई, चारों ओर भीषण नाद उठता रहा। लक्ष्मण वीरता से खड़े यह देखते रहे।

यह कहकर शिवमूर्ति अंतर्धान हो गई। लक्ष्मण आगे बढ़े, परंतु विकट गर्जन सुन चौंककर क्या देखते हैं कि एक भयानक सिंह पूँछ हिलाता आ रहा है। लक्ष्मण ने तलवार खींच ली, परंतु सिंह लक्ष्मण की परिक्रमा कर वहाँ से चला गया। बादल गरजे, बिजली तड़पी, भयानक आधी आई, चारों ओर भीषण नाद उठता रहा। लक्ष्मण वीरता से खड़े यह देखते रहे।

फिर आकाश में तारे छिटक आए। फूल खिल उठे। सुगंधित वायु बहने लगी। बहुत से कोमल कंठस्वरों से गाने की ध्वनि सुनाई दी। सहसा अनेक सुंदरियाँ गीत गाती, बजाती, विहार करती दिखने लगीं। कोई सरोवर में स्नान कर रही है, कोई वेणी में मोती गूँथ रही है, कोई वीणा पर आलाप रही है। उन सभी ने लक्ष्मण को घेर लिया।

एक ने हँसकर कहा, "वीरचूड़ामणि, तुम्हारा स्वागत है। हम सब निशाचरी नहीं, स्वर्ग की अप्सराएँ हैं। हम स्वर्ग के नंदनवन में निवास करती तथा आनंद से अमृतपान करती हैं। हमारे यौवन-उद्यान में सदा नववसंत रहता है। हमारी अधर-सुधा कभी नहीं सूखती, हम अमर-अक्षय यौवना देवबालाएँ हैं। हम तुम्हें पतिरूप में वरना चाहती हैं। हमारे साथ चलो। जिस सुख-भोग के लिए मनुष्य युग-युग तपस्या करता है, वही आज हम तुम्हें देना चाहती हैं। हम तुम्हें उस आनंद-जगत् में ले जाएँगी, जहाँ रोग-शोकरूपी कीड़ा जीवन के पुष्प को नष्ट नहीं कर सकता।"

लक्ष्मण हाथ जोड़कर बोले, “देवबालावृंद, मुझ दास को क्षमा करें। मेरे ज्येष्ठ भ्राता राम की भार्या वैदेही को वन में अकेली पाकर राक्षसराज रावण हर लाया है। मुझे घोर युद्ध में उसका नाश करके जानकी का उद्धार करना है। मुझे आप ऐसा वर दीजिए कि मेरा प्रण पूरा हो। मैं नरकुल में जनमा हूँ। आप देवबालाएँ मेरी माता के समान हैं।”

लक्ष्मण के इतना कहते ही चमत्कार हुआ। एकाएक सब गायब हो गईं। अब सम्मुख सरोवर देवी का मंदिर दिख पड़ा। लक्ष्मण ने सरोवर में झटपट स्नान कर नीलोत्पल के फूल ले देवी के चरणों में चढ़ाकर साष्टांग प्रणाम किया। अकस्मात् सैकड़ों दीपावली से मंदिर जगमगा उठा। झाँझ-घंटे बज उठे। गंध से दिशाएँ सुवासित हो गईं। देवांगनाएँ देवी की स्तुति में गान करने लगीं।

लक्ष्मण ने प्रार्थना की, “वरदे, मुझ दास को ऐसा वर दीजिए कि मेघनाद का नाश कर सकूँ। आप अंतर्यामिनी हैं, इस दास के मन की समस्त इच्छाओं को पूर्ण करके यशस्वी कीजिए।”

लक्ष्मण हाथ जोड़कर बोले, “देवबालावृंद, मुझ दास को क्षमा करें। मेरे ज्येष्ठ भ्राता राम की भार्या वैदेही को वन में अकेली पाकर राक्षसराज रावण हर लाया है। मुझे घोर युद्ध में उसका नाश करके जानकी का उद्धार करना है। मुझे आप ऐसा वर दीजिए कि मेरा प्रण पूरा हो। मैं नरकुल में जनमा हूँ। आप देवबालाएँ मेरी माता के समान हैं।”

लक्ष्मण नेत्र मूँद प्रणाम करने लगे। तभी गर्जन का शब्द हुआ। मंदिर हिलने लगा, मूर्ति के स्थान पर साक्षात् मायादेवी सहस्र बिजलियों का प्रकाश लिये प्रकट हुईं। लक्ष्मण चकाचौंध हो घबरा गए।

माया ने हँसकर कहा, “रे सुमित्रासुत! अभय हो, सदाशिव के आदेश से मैं स्वयं तेरी सहायता को आई हूँ। इंद्र ने तुझे देवास्त्र भेज दिए हैं। उन्हें धारण करके विभीषण के साथ झटपट यज्ञागार में जा। वहाँ मेघनाद वैश्वानर की पूजा कर रहा है। व्याघ्र की भाँति उस पर सहसा आक्रमण करके मार डाल। मैं माया से तुम दोनों को अदृश्य कर दूँगी, जैसे म्यान में तलवार दबी रहती है। जा, निर्भय चला जा। आज सूर्योदय से प्रथम ही राक्षसकुल का सूर्यास्त हो जाएगा।”

यह कह माया लक्ष्मण को आशीर्वाद दे अंतर्धान हो गईं। लक्ष्मण प्रणाम कर लौट आए।

उषा उदित हो रही थी। राम सब सेनानायकों सहित व्याकुल बैठे थे। तभी लक्ष्मण पुष्पमाला धारण किए आ पहुँचे। राम ने उन्हें गले से लगा लिया।

लक्ष्मण ने सब घटनाएँ बताकर कहा, "आपके चरणों के प्रताप से मुझे साक्षात् महामाया ने प्रकट होकर कहा है कि तुम मेघनाद पर सहसा आक्रमण करो। वह जहाँ यज्ञ कर रहा है, वह स्थान देवी ने बता दिया है। देवी स्वयं मुझे और राक्षसराज विभीषण को अदृश्य कर देंगी। अब प्रभात हो रहा है, विलंब का समय नहीं। आप हमें जाने की अनुमति दीजिए।"

लक्ष्मण ने सब घटनाएँ बताकर कहा, "आपके चरणों के प्रताप से मुझे साक्षात् महामाया ने प्रकट होकर कहा है कि तुम मेघनाद पर सहसा आक्रमण करो। वह जहाँ यज्ञ कर रहा है, वह स्थान देवी ने बता दिया है। देवी स्वयं मुझे और राक्षसराज विभीषण को अदृश्य कर देंगी। अब प्रभात हो रहा है, विलंब का समय नहीं। आप हमें जाने की अनुमति दीजिए।"

"भाई, जिसे देखकर यमदूत भी व्याकुल होते हैं, उसके सम्मुख अकेला कैसे जाने दूँ? जिस विषधर के विष से देव और नर तुरंत भस्म हो जाते हैं, उसके बिल में तुझे मैं कैसे भेज दूँ? सीता के उद्धार का कोई प्रयोजन नहीं है। मैंने व्यर्थ ही समुद्र पर पुल बाँधा, व्यर्थ ही शत्रु-मित्र के रक्त की नदी बहाकर पृथ्वी को रँगा। हाय, भाग्यदोष से मैंने राजपाट, माता-पिता, बंधु-बांधव सबको खोया। इस अंधकारमय जीवन में सीता दीपशिखा थी। दुरादृष्टि ने उसे भी बुझा दिया। अब तुम्हीं मेरी एकमात्र आशा हो, तुम्हें नहीं खोऊँगा। चलो, वन को लौट चलें।"

लक्ष्मण ने दर्प से कहा, "आप इतनी चिंता क्यों करते हैं, लंका पर दैव कुपित हैं, उनका क्रोध प्रलय के बादलों के समान उसे घेर रहा है और आपका कटक देवहास्य से उज्ज्वल हो रहा है। आप तुरंत आज्ञा दीजिए कि मैं देवास्त्र धारण करके शत्रु का हनन करूँ।"

विभीषण खड़े यह सब सुन रहे थे। वे बोले, "राघवेंद्र, सौमित्र का कथन सत्य है, मुझे स्वप्न में राक्षसकुललक्ष्मी ने प्रकट हो लंका का राजतिलक दिया है और सौमित्र की सहायता का आदेश दिया है। सो रघुवीर, आप निर्भय हमें देवाज्ञा पालन करने दीजिए।"

राम ने आर्द्र होकर कहा, "प्रिय मित्र, जब मैंने पिता की प्रतिज्ञा को पूरा करने राज्य त्याग वनवास-ग्रहण किया था, तब लक्ष्मण ने तरुण यौवन में सब सुखों को तिलांजलि देकर मेरे पीछे स्वेच्छा से वनवास स्वीकार किया था। माता सुमित्रा ने कहा था, 'हे राम! तुमने न जाने किस कौशल-बल से मेरे नयनमणि का हरण किया है। तुम्हें यह धन सौंपती हूँ और भिक्षा माँगती हूँ कि इसे अत्यंत यत्न से रखना।' सो अब मैं इस भ्रातृरत्न को कैसे घोर संकट में डालूँ! बंधुवर, मैं सीता का उद्धार करना नहीं चाहता, मैं वन को लौट जाऊँगा।"

प्रिय मित्र, जब मैंने पिता की प्रतिज्ञा को पूरा करने राज्य त्याग वनवास-ग्रहण किया था, तब लक्ष्मण ने तरुण यौवन में सब सुखों को तिलांजलि देकर मेरे पीछे स्वेच्छा से वनवास स्वीकार किया था। माता सुमित्रा ने कहा था, 'हे राम! तुमने न जाने किस कौशल-बल से मेरे नयनमणि का हरण किया है। तुम्हें यह धन सौंपती हूँ और भिक्षा माँगती हूँ कि इसे अत्यंत यत्न से रखना।'

राम का यह भ्रातृप्रेम देखकर आकाशवाणी हुई, "राम, देवाज्ञा का उल्लंघन मत करो। लक्ष्मण आज अवश्य मेघनाद को मारेगा।"

आकाशवाणी की ओर राम ने धीरे से मस्तक नवा दिया। फिर कहा, "जैसी देवाज्ञा! लाओ देवास्त्र, मैं अपने हाथ से भाई को शस्त्र धारण कराऊँगा।"

राम ने अपने हाथों लक्ष्मण को शस्त्रों से सजाया। छाती पर कवच, कमर में तलवार, पीठ पर ढाल, हाथ मैं अक्षय तूणीर, मस्तक पर लौह शिरस्त्राण सजाकर उन्हें आशीर्वाद दिया।

लक्ष्मण बाएँ हाथ में दिव्य धनुष लेकर बोले, "आशीर्वाद दीजिए कि मैं

आज दुर्निवार शत्रु का संहार करूँ।"

"भाई, जैसे पीठ दिखाते हो, वैसे ही मुख दिखाना।" फिर उन्होंने विभीषण से कहा, "मित्र, आज मेरी जीवन-मृत्यु तुम्हारे हाथ है।"

"आप चिंता न कीजिए प्रभु।" कहकर विभीषण लक्ष्मण सहित चल दिए।

छह

अशोक वन में मलिनवदना शोकाकुल सीता पृथ्वी पर बैठी हुई थीं। दो-तीन चेरियाँ उन्हें छेड़ रही थीं।

एक ने सीता को सुनाते हुए जोर से कहा, "अरी, आज तो कनकलंका में घर-घर आनंद-सागर कल्लोल कर रहा है। बाजे बज रहे हैं, नर्तकियाँ नाच रही हैं, गायक गा रहे हैं, नायक-नायिकाएँ आनंद क्रीड़ा कर रहे हैं, द्वार-द्वार पर फल-फूलों से गुँथी हुई मालाएँ लटक रही हैं, नवीन ध्वजाएँ फहरा रही हैं। राजपथ में जनस्रोत कल्लोल करता जा रहा है। निद्रादेवी घर-घर घूमती हैं, पर उसकी कोई बात भी नहीं पूछता।"

दूसरी ने पूछा, "क्यों री, क्यों? इस आनंद-उत्सव का कारण क्या है?"

"अरी, वीरेंद्र इंद्रजीत कल राम को मारेगा। लक्ष्मण का वध होगा। राक्षस दल वैरी दल को समुद्र के पार भगा देगा। लंका के वीर विभीषण को बाँध लाएँगे। अरी, बड़ा आनंद होगा। चल, तनिक नगर की बहार तो देख आएँ।"

दूसरी ने पूछा, "क्यों री, क्यों? इस आनंद-उत्सव का कारण क्या है?" "अरी, वीरेंद्र इंद्रजीत कल राम को मारेगा। लक्ष्मण का वध होगा। राक्षस दल वैरी दल को समुद्र के पार भगा देगा। लंका के वीर विभीषण को बाँध लाएँगे। अरी, बड़ा आनंद होगा। चल, तनिक नगर की बहार तो देख आएँ।"

"चलो, सब चलें, इस आनंद की वेला में इस भाग्यहीन बंदिनी के आँसू देखने को हम यहाँ क्यों रहें?"

यह कहकर सब वहाँ से उठ गईं।

सीता आँसू बहाकर रोने लगीं, "हाय, ये सब कैसी निष्ठुर हैं! न जाने विधाता ने क्या विचारा है? क्या सत्य ही कल प्रलय होनेवाली है? अरे, ये प्राण फिर किस आशा में अटके हैं?"

कुछ समय बाद सूरमा चेरी ने आकर कहा, "देवी, दुष्टा चेरियाँ तुम्हें अकेली छोड़कर महोत्सव देखने चली गईं? आज्ञा दो तो मैं तुम्हारे ललाट पर सौभाग्य-चिह्न अंकित कर दूँ। तुम सौभाग्यवती हो, तुम्हारा यह वेश क्या अच्छा लगता है?"

उसने आँचल से सिंदूर की डिबिया निकालकर सीता की माँग में सिंदूर लगाया, फिर चरण छूकर कहा, "देवि, इस देवांकित शरीर के स्पर्श करने के लिए मुझे क्षमा करो, यह चेरी इन चरणों की चिरदासी है। राक्षसराज ने आपको बहुत कष्ट दिया है।"

सीता आँसू पोंछकर बोलीं, "बहन, तुम वृथा ही रावण को दोष देती हो; मैंने तो स्वयं ही आभूषणों को हरण के समय मार्ग में फेंक दिया था। वे ही रघुनाथ को यहाँ तक ले आए हैं।"

"हे देवी, बताओ तो सही, रघुकुलमणि तुम्हारे जैसी कुसुमकली को लेकर वन में क्यों आए थे और इस चोर राक्षस ने किस कौशल से तुम्हारे वीर पति और देवर के रहते तुम्हारा हरण किया?"

सीता आँसू पोंछकर बोलीं, "बहन, तुम वृथा ही रावण को दोष देती हो; मैंने तो स्वयं ही आभूषणों को हरण के समय मार्ग में फेंक दिया था। वे ही रघुनाथ को यहाँ तक ले आए हैं।" "हे देवी, बताओ तो सही, रघुकुलमणि तुम्हारे जैसी कुसुमकली को लेकर वन में क्यों आए थे और इस चोर राक्षस ने किस कौशल से तुम्हारे वीर पति और देवर के रहते तुम्हारा हरण किया?"

"अरी बहन, इस दुःखिया की दुःखकथा सुनकर क्या करेगी? जैसे ऊँचे वृक्ष में घोंसला बनाकर कबूतर और कबूतरी सुख से रहते हैं, उसी भाँति हम गोदावरी के तीर पर पंचवटी में आनंद से वास करते थे। वीर सौमित्र नित्य कंद-मूल-फल लाते थे। प्रभु कभी मृगया नहीं करते थे। हिंसा-विरत रहते थे। उनके

चरणों के निकट रहकर मैं राजसुख बिल्कुल भूल गई थी। हमारी कुटी के बाहर सदैव वसंत खिला रहता था। कोयल कुहू-कुहू करके प्रातःकाल मुझे जगाती थी। द्वार पर मोर-मोरनी नाचा करते थे। नित्य हाथी-हथिनी, मृगशिशु क्रीड़ा किया करते थे। इन सबमें मेरा मन रम गया था। मैं सब वनचरों की सेवा किया करती थी। पंपा सरोवर के बड़े-बड़े पद्मों को मैं अपने केशों में लगाती थी तो प्रभु हँसकर मुझे वनदेवी कहकर पुकारते थे। हाय सखी, क्या अब फिर उनका मुखचंद्र देखने को न मिलेगा ?"

"देवी, यदि पूर्वकथा-स्मरण से दुःख होता है तो मत कहो। तुम्हारे आँसू देखकर तो मेरे प्राण निकलते हैं।"

"अरी, यह अभागिन न रोएगी तो कौन रोएगा ? ऋषि-पत्नियाँ कभी-कभी मेरी कुटी में आती थीं तो ऐसा प्रतीत होता था, मानो अंधकार में चंद्रिका उदय हुई। प्रभु की मधुर वाणी संगीत की भाँति कानों में भरी रहती है। हे निष्ठुर विधि! क्या वह संगीत-सुधा एकबारगी ही विलुप्त हो गई ?"

"अरी, यह अभागिन न रोएगी तो कौन रोएगा ? ऋषि-पत्नियाँ कभी-कभी मेरी कुटी में आती थीं तो ऐसा प्रतीत होता था, मानो अंधकार में चंद्रिका उदय हुई। प्रभु की मधुर वाणी संगीत की भाँति कानों में भरी रहती है। हे निष्ठुर विधि! क्या वह संगीत-सुधा एकबारगी ही विलुप्त हो गई ?"

"सती सीते, तुम्हारी बात सुनकर राजभोग से घृणा उत्पन्न होती है। देवी, यह राक्षस कैसे तुम्हें हर लाया यह भी तो कहो ?"

"हमारे सुख के दिनों में निर्लज्जा शूर्पणखा ने विपत्ति ला उपस्थित की। अब उन बातों को कहने में लज्जा आती है। वह बाघिनी जब मुझे मारने दौड़ी, तब सौमित्र ने तिरस्कार कर उसे भगा दिया। इस पर वह राक्षसों को बुला लाई। भीषण युद्ध हुआ, मैं तो कुटी में अचेत हो गई थी। शत्रु को विजय कर जब प्रभु ने अपने स्पर्श से मुझे जगा, हँसकर कहा, 'हेमांगी, तुम इस शैया पर शोभित हो प्रिये! उठो।' अरी, क्या वह मधुर ध्वनि मैं फिर सुन सकूँगी ?"

"देवी, अब मत कहो, आपका इतना कष्ट नहीं देखा जाता।"

"नहीं, अब सुनो। मारीच का छलना तुमने सुना ही है। जब मैंने मूढ़तावश राघव को और बाद में लक्ष्मण को भी कटु वाक्य कहकर उस स्वर्णमृग के पीछे भेज दिया तो क्या देखती हूँ कि अग्नि के समान तेजस्वी तपस्वी खड़े हैं। मैं क्या जानती थी कि यह फूल में कालकीट है। मैंने भूमि पर सिर रखकर उसे प्रणाम किया। उसने कहा, 'रघुकुलवधू, भिक्षा दो, मैं क्षुधार्थ अतिथि हूँ।' मैंने उसे आसन दे, राघव के आने तक बैठने को कहा, पर वह रुष्ट होकर जाने लगा। तब मैंने अधर्म के भय से कुटी के बाहर भिक्षा देने को ज्यों ही हाथ बढ़ाया कि उसने कालपाश की भाँति मुझे पकड़कर उठा लिया और विद्युत्-गति से ले भागा। मैं 'रक्षा करो', 'रक्षा करो' चिल्लाने लगी। उस समय समस्त वन क्षुब्ध हो उठा, पर वह निर्दयी राक्षस न पिघला। अरी, जो लोहा तेज आँच पर पिघलता है, उसे क्या वारिधारा गला सकती है? उस दुष्ट ने कभी रोष से गरजकर, कभी मृदुस्वर में जो मुझसे कहा, वह मैं क्या कहूँ। मैं निरुपाय हो अपने आभरण उतारकर वन में फेंकने लगी।"

नहीं, अब सुनो। मारीच का छलना तुमने सुना ही है। जब मैंने मूढ़तावश राघव को और बाद में लक्ष्मण को भी कटु वाक्य कहकर उस स्वर्णमृग के पीछे भेज दिया तो क्या देखती हूँ कि अग्नि के समान तेजस्वी तपस्वी खड़े हैं। मैं क्या जानती थी कि यह फूल में कालकीट है। मैंने भूमि पर सिर रखकर उसे प्रणाम किया।

"हाय देवी, वज्रहृदय ने तुम्हें बड़ा दुःख दिया।"

"हाय, मेरा विलाप किसी ने न सुना। उसका कनकरथ गिरिशृंग, नद, वन और नाना देशों को पार करके वायुवेग से बढ़ चला। एकाएक रथ रुका, मैंने देखा, सामने पर्वत पर प्रलयकाल के मेघ के समान कोई भैरव मूर्ति खड़ी ललकार रही थी कि अरे दुर्मति चोर, मैं तुझे पहचानता हूँ, तू किस कुलवधू को चुराए लिये जा रहा है? सखि, क्षण भर में ही दोनों वीरों में भयानक युद्ध हुआ। मैंने भागने का भी प्रयत्न किया। पर मैं मूर्च्छित हो गई। मूर्च्छा भंग होने पर देखा, वह वीर मुमुर्षु अवस्था में धरती पर पड़ा है और राक्षस दर्प से गरज रहा है। वीर

ने मरते-मरते कहा, 'अरे लोभी श्रृंगाल, तूने सिंहिनी पर आक्रमण किया है, देख, तू कैसे बचता है।' इतना कहकर वह मौन हो गया। मैंने हाथ जोड़कर कहा, 'हे देव, इस दासी का नाम सीता है, मैं जनक-दुहिता और रघुकुलवधू हूँ। राघव से यदि साक्षात् हो तो उनसे कहना कि पापी रावण छल से मुझे हरण कर ले गया है।' इसके बाद ही इस निर्दयी ने उठाकर मुझे रथ में डाल लिया।"

"जैसे व्याघ्र हरिणी को जाल में फाँस लेता है।"

"हाँ, उसी प्रकार। रथ आकाश में वायुवेग से बढ़ चला। सामने नील सागर दिख पड़ा, मैंने गिरना चाहा, परंतु दुष्ट ने गिरने भी न दिया। कनकलंका मुझे प्रथम बार ऐसी प्रतीत हुई, जैसे सागर के भाल पर रक्त-चंदन की रेखा सुशोभित हो। सखी, इस स्वर्णपिंजर में मुझ निरीह बंदिनी को उसने बंद कर दिया। सो, मैं राजकुल-नंदिनी और राजवधू होकर कारागार में बद्ध हूँ।"

"जैसे व्याघ्र हरिणी को जाल में फाँस लेता है।" "हाँ, उसी प्रकार। रथ आकाश में वायुवेग से बढ़ चला। सामने नील सागर दिख पड़ा, मैंने गिरना चाहा, परंतु दुष्ट ने गिरने भी न दिया। कनकलंका मुझे प्रथम बार ऐसी प्रतीत हुई, जैसे सागर के भाल पर रक्त-चंदन की रेखा सुशोभित हो। सखी, इस स्वर्णपिंजर में मुझ निरीह बंदिनी को उसने बंद कर दिया। सो, मैं राजकुल-नंदिनी और राजवधू होकर कारागार में बद्ध हूँ।"

"देवी, धीरज धरो। अच्छे दिन आनेवाले हैं। वीरयोनि लंका में सुभट नहीं रहे, त्रिभुवन-विजयी योद्धाओं की लाश सागर तट पर गिद्ध और श्रृगाल खा रहे हैं। लंका में घर-घर विधवाएँ विलाप कर रही हैं। तुम्हें बड़ा क्लेश मिला है, परंतु अब उसका अंत होगा। देवी, इस दासी को मत भूलना।"

"मेरी परम हितैषिणी सखी, तुम्हारे वचन सत्य हों। सीता कंगालिनी है और तुम रत्न हो, क्या कंगालिनी रत्न पाकर उसकी उपेक्षा करेगी!"

सात

उषा का उदय हुआ। इंद्रजीत के शयनागार में मधुर भैरवी-नाद हो रहा था। भाँति-भाँति के पक्षी कलरव कर रहे थे। वंदीगण विविध वाद्य बजाकर गान कर रहे थे। मेघनाद की आँख खुली, देखा, सुलोचना अभी सो रही है। उसने सोई हुई पत्नी का हाथ पकड़कर मृदु स्वर से कहा, "उठो हेमवती, उषा की प्रतिमूर्ति देखो—प्राची दिशा उषा के उदय से कैसी दीप्तिमान हो रही है। उठकर देखो तो प्रिये, ये वनकुसुम तुम्हारी शोभा को हरण कर झूम-झूमकर डालों पर हँस रहे हैं।"

"प्रिये, तुम मेरे भाग्यवृक्ष की उत्तम फल हो। तुम मेरे प्राणरूपी सूर्यकांतमणि के लिए तेजोरश्मिरूप हो। अब चलो, विलंब का समय नहीं, जननी के पद में प्रणाम कर वैश्वानर की विधिवत् पूजा कर कठिन संग्राम में जाऊँगा। प्रिये, आज मैं प्रबल वैरी का समर में हनन करूँगा।"

प्रियतम के प्रिय वचन सुन सुलोचना जाग पड़ी। उसने लज्जा से वस्त्रों को ठीक करके हँसकर कहा, "आज इतनी जल्दी प्रभात हो गया! नाथ, वह सुखरात्रि इतनी शीघ्र विलीन हो गई?"

"प्रिये, तुम मेरे भाग्यवृक्ष की उत्तम फल हो। तुम मेरे प्राणरूपी सूर्यकांतमणि के लिए तेजोरश्मिरूप हो। अब चलो, विलंब का समय नहीं, जननी के पद में प्रणाम कर वैश्वानर की विधिवत् पूजा कर कठिन संग्राम में जाऊँगा। प्रिये, आज मैं प्रबल वैरी का समर में हनन करूँगा।"

उसने त्रिजटा दासी को बुलाकर कहा, "अरी त्रिजटे, देख तो माता क्या कर रही हैं? उनसे निवेदन कर कि पुत्र व वधू उनकी चरण वंदना कर रहे हैं।"

त्रिजटा साष्टांग प्रणाम करके बोली, "युवराज, महिषी मंदोदरी शिव मंदिर में जागरण और उपवास करके आपकी मंगलकामना कर स्वयं ही देवप्रसाद लिये यहाँ आ पहुँची हैं।"

मंदोदरी ने वहाँ आकर हर्ष से दोनों के मस्तक चूमे। नेत्रों से प्रेम की अश्रुधारा बह चली। वह बोली, "वीरपुत्र और पुत्री, चिरंजीवी रहो।"

मेघनाद ने प्रणाम करके कहा, "माता, मुझ दास को आशीर्वाद दो। मैं आज पामर भ्रातृघाती राम का वध करूँगा। लंका को निर्विघ्न कर शत्रु को बाँध लाऊँगा और उसके कटक को अतल सागर के जल में डुबो दूँगा।"

"पुत्र, तू मेरे हृदय-आकाश का पूर्णशशि है। तुझे भेजकर इस अंधकार में कैसे रहूँ! अरे दैवबलयुक्त राम, दुरंत लक्ष्मण तथा दयाशून्य विभीषण विपक्ष में हैं। जैसे क्षुधा से व्याकुल व्याघ्र अपने शिशु को खा जाता है, वैसे ही यह राज्यलोलुप राक्षस अपने वंश का नाश कर रहा है।"

मेघनाद ने हँसकर कहा, "माँ, तुम उन दोनों भिक्षुओं से क्यों डरती हो? तुम्हारे पद-प्रसाद से यह दास देव, दैत्य और नर सबको युद्ध में सदा जीतता रहा है, इंद्र भी भय से सुख-नींद नहीं सोता। पाताल में नागेंद्र और पृथ्वी पर नरेंद्र मेरे नाम से थर्राते हैं।"

मेघनाद ने हँसकर कहा, "माँ, तुम उन दोनों भिक्षुओं से क्यों डरती हो? तुम्हारे पद-प्रसाद से यह दास देव, दैत्य और नर सबको युद्ध में सदा जीतता रहा है, इंद्र भी भय से सुख-नींद नहीं सोता। पाताल में नागेंद्र और पृथ्वी पर नरेंद्र मेरे नाम से थर्राते हैं।"

"पुत्र, राम मायावी है, वह मरकर भी जी उठता है, देव उसके सहायक हैं। अरे, शिला उसके आदेश से जल में तैरती है, अग्नि बुझ जाती है। हाय शूर्पणखा, माँ के उदर ही में तू क्यों न मर गई!"

"माता, अग्नि लगने पर कौन घर में सोता रहेगा? शत्रु नगर को घेरे पड़े हैं, मैं कैसे विरत हो सकता हूँ? मुझ इंद्रजीत के रहते क्या राक्षसकुल भयभीत रहेगा? प्रभात होने लगा है, पक्षी वन में बोल रहे हैं, अब आज्ञा दीजिए माता।"

मंदोदरी आँसू पोंछकर बोली, "अब क्या कहूँ, इस कालरण में विरुपाक्ष तुम्हारी रक्षा करेंगे।" फिर सुलोचना से कहा, "वधू, तुम मेरे साथ रहो, तुम्हीं को देखकर ये दग्ध प्राण शीतल रहेंगे।" यह कह और आशीर्वाद देकर मंदोदरी चल दी।

मेघनाद ने पत्नी से कहा, "प्राणसखि, अब तुम भी माता के पास जाओ, मैं पैदल ही यज्ञशाला में जाऊँगा और समर में विजयी हो शीघ्र लौटूँगा।"

"नाथ, जैसे शशिकला रवि के तेज से उज्ज्वल होती है, उसी भाँति यह दासी भी है। आपके बिना तो यह जगत् अंधकार-मात्र है।"

"प्रिये, मैं शत्रु का नाश करके शीघ्र लौटूँगा। कितना प्रकाश फैल गया है, दिन उदय हो रहा है, अनुमति दो प्रिये, मैं जाऊँ।"

यह कहकर मेघनाद चल दिया। सुलोचना दो पग बढ़ आकाश की ओर हाथ उठाकर प्रार्थना करने लगी, "हे देवी कृपामयी, लंका पर दया करना, विग्रह में राक्षसकुल-सूर्य की रक्षा करना, अपने अभेद्य कवच से शूर को आवृत्त करना। हे देवी! इस छिन्न लता का आश्रय यही तरुराज है। जगदंबे, उसे कुठार स्पर्श न कर सके।"

यह कहकर मेघनाद चल दिया। सुलोचना दो पग बढ़ आकाश की ओर हाथ उठाकर प्रार्थना करने लगी, "हे देवी कृपामयी, लंका पर दया करना, विग्रह में राक्षसकुल-सूर्य की रक्षा करना, अपने अभेद्य कवच से शूर को आवृत्त करना। हे देवी! इस छिन्न लता का आश्रय यही तरुराज है। जगदंबे, उसे कुठार स्पर्श न कर सके।"

उधर कैलाश धाम में जगदंबा पार्वती स्वर्णसिंहासन पर बैठी कुछ विचार रही थीं कि उनका सिंहासन हिल उठा। सदन सुलोचना के क्रंदन से भर गया, जिसे सुनकर जया-विजया विचलित हो उठीं।

जया ने कहा, "देवी, आपकी दासी सुलोचना बहुत व्याकुल हो रही है। उस पर आपको दया न आ जाए, इससे इंद्र भयभीत हो गया है।"

अंबिका ने उत्तर दिया, "जया, तुम्हारा कहना सत्य है। सती सुलोचना ने मेरे अंश से जन्म लिया है। इंद्रजीत स्वयं अपने तेज से जगत्-जयी है। फिर सती का तेज भी उससे मिल गया है, परंतु वैदेही का दुःख तो देखा नहीं जाता। आज मैं अपना तेज हरण करूँगी, जैसे दिनांत में सूर्यमणि आभाहीन हो जाती है, उसी भाँति उसे भी निस्तेज होना पड़ेगा। आज लक्ष्मण अवश्य जयी मेघनाद का वध करेगा और सुलोचना अपने वीर पति के साथ यहाँ आएगी। रावण यहाँ आकर सदाशिव की सेवा करेगा और सुलोचना को मैं अपनी सखी बनाकर संतुष्ट करूँगी।"

आठ

प्रभात की उषा का उदय हुआ। लंका के चतुष्पथ पर राजप्रासाद के प्रांगण में राक्षस सेना सज्जित होने लगी। धौंसे बजने लगे। हाथी, घोड़े, पैदल खड़े हो गए। सेनानायक सबको आज्ञा प्रदान करने लगे। विरुपाक्ष तालजंघ सेनापति ने सेना का व्यूह निर्माण किया, रथों की पंक्तियाँ अलग खड़ी की गईं। खिड़कियों से कुलवधू सैनिकों पर पुष्प और लाजा वर्षा करने लगीं। हाथी चिंघाड़ने लगे। मंदिरों में प्रभाती बजनी आरंभ हो गई। तोरण पर भैरवी आलापी जा रही थी। पुरवासी लोग इधर-उधर आ-जा रहे थे। चार राक्षस नागरिक चतुष्पथ पर खड़े होकर परस्पर बातें करने लगे। एक बोला, "चलो, जल्दी करो, प्राचीर पर चढ़ जाएँ, जिससे आज का अद्भुत युद्ध देखने को मिल जाए, फिर स्थान नहीं मिलेगा।"

दूसरे ने कहा, "अभी ठहरो, युवराज वैश्वानर की पूजा में रत हैं। वे अभी आकर समस्त सैन्य का निरीक्षण करेंगे। देखते नहीं, महानायक तालजंघ कैसी तत्परता से व्यूहरचना कर रहे हैं!"

तीसरे ने कहा, "आज भिक्षुक राम का निस्तार नहीं है। महाराज विभीषण भी अपने कर्मफल को आज भोगेंगे।"

दूसरे ने कहा, "अभी ठहरो, युवराज वैश्वानर की पूजा में रत हैं। वे अभी आकर समस्त सैन्य का निरीक्षण करेंगे। देखते नहीं, महानायक तालजंघ कैसी तत्परता से व्यूहरचना कर रहे हैं!"

तीसरे ने कहा, "आज भिक्षुक राम का निस्तार नहीं है। महाराज विभीषण भी अपने कर्मफल को आज भोगेंगे।"

चौथे ने कुछ सोचकर कहा, "अरे, मायावी राम तो मरकर भी जी उठता है। देवगण उसके पक्ष में हैं।"

पहले ने उत्तर दिया, "तो क्या हुआ, देवराज इंद्र के वज्र को व्यर्थ करनेवाले युवराज आज कालपुरुष की भाँति देवताओं का सब प्रयत्न व्यर्थ करेंगे, चलो प्राचीर पर चलें।"

"प्राचीर पर चढ़कर क्या होगा, युवराज तो पल भर में ही राम-लक्ष्मण का नाश कर डालेंगे। पृथ्वी पर कौन है, जो उनके भीषण बाण से बच सके।"

"सत्य कहते हो, जैसे अग्नि सूखी घास को भस्म करती है, उसी भाँति युवराज शत्रु का संहार करते हैं। उन सा योद्धा पृथ्वी पर और कौन है?"

"देखते रहो, एक मुहूर्त में वह अधम विभीषण को बाँधकर ले आते हैं, फिर उसका यातनापूर्वक वध होगा।"

"सत्य कहते हो, जैसे अग्नि सूखी घास को भस्म करती है, उसी भाँति युवराज शत्रु का संहार करते हैं। उन सा योद्धा पृथ्वी पर और कौन है?"

"देखते रहो, एक मुहूर्त में वह अधम विभीषण को बाँधकर ले आते हैं, फिर उसका यातनापूर्वक वध होगा।"

"अहा, रक्षीवर रावण धन्य है, वह जगत् में महिमा का समुद्र है। अरे, पृथ्वीतल पर ऐसा वैभव किसका है?"

"अहा, रक्षीवर रावण धन्य है, वह जगत् में महिमा का समुद्र है। अरे, पृथ्वीतल पर ऐसा वैभव किसका है?"

"किंतु इस भिखारी राम ने रत्नमयी लंका को विधवा सी बना दिया है। देखो, पर्वत के समान कुंभकर्ण महाराज समरभूमि में मरे पड़े हैं, इसकी कौन कल्पना कर सकता था!"

"देखो, ये लंका के प्रासाद हेमकूट की शृंगावली की भाँति आकाश का चुंबन कर रहे हैं। खिड़कियों में हाथी दाँत की चौखट पर स्वर्णद्वारों में निहत वीरों की म्लानवदना राक्षसवधुएँ अश्रुपूर्ण नेत्रों से सेना की ओर देख रही हैं।"

"निस्संदेह लंका के समान वैभव इस लोक में नहीं, परंतु संसार में कोई पद चिरस्थायी नहीं। सागर-तरंग की भाँति एक वस्तु आती और दूसरी जाती है। चलो भाई, प्राचीर पर चलें। देखो, समस्त प्राचीर पर नरमुंड-ही-नरमुंड दिख रहे हैं।"

बलिष्ठ राक्षस प्रहरियों से आरक्षित निकुंभला यज्ञागार में अकेला मेघनाद रेशमी वस्त्र धारण किए कुशासन पर बैठा यज्ञ कर रहा था। भाल पर चंदन की बिंदी और गले में फूलों की मालाएँ, धूपदान में धूप जल रही थी। घृत के एक सहस्र दीप जल रहे थे। पुष्पों की ढेरियाँ रखी हुई थीं। पात्रों में गंगाजल भरा था।

सम्मुख स्वर्णघंट और विविध रत्न-पात्रों में पूजा-सामग्री रखी हुई थी। रथींद्र मंत्रपाठ करके आहुति देने लगा। हठात् लक्ष्मण हाथ में नंगी तलवार लिये वहाँ प्रविष्ट हुए। शस्त्रों की झनझनाहट से मेघनाद चौंक उठा। सौम्यमूर्ति लक्ष्मण को देखकर वह अग्निदेव का भ्रम कर उठ खड़ा हुआ।

मेघनाद ने साष्टांग प्रणाम करके कहा, "हे अग्नि देव! यह दास आज आपकी पूजा कर रहा है। क्या इसलिए इस रूप में प्रकट होकर आपने लंकापुरी को पवित्र किया है? हे देव, आपको प्रणाम है।"

उसने पृथ्वी पर गिरकर लक्ष्मण को प्रणाम किया। लक्ष्मण बोले, "सावधान रावणि, मैं अग्नि देव नहीं, तुम्हारा चिरशत्रु लक्ष्मण हूँ। मैं अभी तुम्हारा वध करूँगा।" यह कहकर लक्ष्मण तलवार उठाकर आगे बढ़े।

तुम लक्ष्मण हो? तब कहो, किस कौशल से शत्रुपुरी में घुस आए? इस पुरी की प्राचीर दुर्लंघ्य है, असंख्य योद्धा चक्रावलि के रूप में प्राचीर पर भ्रमण कर रहे हैं। द्वार पर यक्षपति को विजय करनेवाले सहस्रों योद्धा रक्षक हैं। इस पृथ्वी पर देव और मनुष्य योनि में ऐसा कौन जनमा है, जो अकेला इस राक्षस वृंद को रण में जय करे।

मेघनाद भयभीत तथा विस्मित होकर बोला, "तुम लक्ष्मण हो? तब कहो, किस कौशल से शत्रुपुरी में घुस आए? इस पुरी की प्राचीर दुर्लंघ्य है, असंख्य योद्धा चक्रावलि के रूप में प्राचीर पर भ्रमण कर रहे हैं। द्वार पर यक्षपति को विजय करनेवाले सहस्रों योद्धा रक्षक हैं। इस पृथ्वी पर देव और मनुष्य योनि में ऐसा कौन जनमा है, जो अकेला इस राक्षस वृंद को रण में जय करे। कहो वीर, किस माया से तुमने सबको छला? नहीं, नहीं, तुम अवश्य भगवान् वैश्वानर हो, इस दास को प्रवंचना से मुक्त कर वर दो कि मैं राम का वध करके लंका को निःशंक करूँ। देखो, सेनाएँ श्रृंगीनाद कर रही हैं। अब विलंब नहीं कर सकता।"

लक्ष्मण ने क्रोध से कहा, "अरे दुर्दांत रावणि! मैं तेरा काल हूँ, आयुहीन जन को काटने के लिए धरती फोड़कर साँप निकल आता है। मूढ़, तू देवबल से

बली होकर सदा देवकुल की अवहेलना करता रहा, सो आज तेरा मैं यहीं हनन करूँगा।"

वे तलवार ले आगे बढ़ आए।

मेघनाद ने पीछे हटकर कहा, "तब ठहरो, यदि तुम सत्य ही रामानुज लक्ष्मण हो तो मैं अभी तुम्हारी युद्ध की इच्छा पूर्ण करूँगा। हे वीर, तुम इस धाम में प्रथम बार आए हो, इसलिए शत्रु होने पर भी मेरे अतिथि हो। क्षण भर मेरा आतिथ्य ग्रहण करो, मैं तनिक वीरसाज सज लूँ, अस्त्र ले लूँ।"

मेघनाद ने पीछे हटकर कहा, "तब ठहरो, यदि तुम सत्य ही रामानुज लक्ष्मण हो तो मैं अभी तुम्हारी युद्ध की इच्छा पूर्ण करूँगा। हे वीर, तुम इस धाम में प्रथम बार आए हो, इसलिए शत्रु होने पर भी मेरे अतिथि हो। क्षण भर मेरा आतिथ्य ग्रहण करो, मैं तनिक वीरसाज सज लूँ, अस्त्र ले लूँ।"

लक्ष्मण ने गरजकर कहा, "अरे, बाघ के जाल में आ जाने पर क्या किरात उसे छोड़ देता है? मैं तेरा इसी भाँति निरस्त्र वध करूँगा।"

मेघनाद भी क्रोधित हो उठा। बोला, "अरे, क्षत्रियकुलकलंक, निरस्त्र, अरि पर आघात करना रथीकुल की मर्यादा नहीं। तूने चोर की भाँति मेरे मंदिर में प्रवेश किया है। इसलिए ठहर, मैं तुझे चोर की भाँति दंड दूँगा।"

मेघनाद ने श्रृंगपात्र उठाकर जोर से लक्ष्मण के सिर पर दे मारा। चोट खाकर लक्ष्मण मूर्च्छित होकर गिर पड़े। मेघनाद उनकी तलवार, धनुष आदि उठाने लगा; पर उठा नहीं सका। द्वार पर भीमकाय शूल हाथ में लिये विभीषण खड़े थे। उन्हें देखकर मेघनाद ने कहा, "आहा, अब इतनी देर में समझा कि लक्ष्मण ने किस भाँति इस पुरी में प्रवेश किया। तात आपको धिक्कार है। अरे, सती निकषा आपकी माता, दशानन आपका सहोदर और महापराक्रमी कुंभकर्ण आपका भाई है। यह दास आपका भ्रातृपुत्र इंद्रविजयी है। अपने घर का द्वार चोर को दिखलाते हैं? क्या कहूँ, आप पितृतुल्य गुरुजन हैं। कृपा कर द्वार छोड़िए, मैं अस्त्रागार में जाऊँगा। आज यहीं इस रामानुज को यमपुरी भेजकर लंका के कलंक को दूर करूँगा।"

विभीषण ने उत्तर दिया, "वीर, तुम्हारा अनुरोध वृथा है। मैं राम का दास हूँ।"

"पितृव्य, आपकी बात सुनकर मैं लज्जित हुआ। हाय, आप राम के दास! यह शब्द आपके मुख से कैसे निकला! अरे, कहाँ आप महाकुल में जन्मधारी और कहाँ अधम राम! मैं तो मूर्ख हूँ, परंतु आप विद्वान् हैं। लक्ष्मण क्षुद्र है, इसी से वह निरस्त्र योद्धा को संग्राम के लिए निमंत्रित करता है। हटिए, मुझे शस्त्र ले आने दीजिए। मैं देखूँगा, आज कौन सा देवबल रामानुज को मेरे हाथ से बचाता है।"

"पितृव्य, आपकी बात सुनकर मैं लज्जित हुआ। हाय, आप राम के दास! यह शब्द आपके मुख से कैसे निकला! अरे, कहाँ आप महाकुल में जन्मधारी और कहाँ अधम राम! मैं तो मूर्ख हूँ, परंतु आप विद्वान् हैं। लक्ष्मण क्षुद्र है, इसी से वह निरस्त्र योद्धा को संग्राम के लिए निमंत्रित करता है। हटिए, मुझे शस्त्र ले आने दीजिए। मैं देखूँगा, आज कौन सा देवबल रामानुज को मेरे हाथ से बचाता है।"

"प्रिय, तुम व्यर्थ मुझ पर दोषारोपण करते हो, रावण अपने कर्मदोष से लंका को डुबो रहा है। लंका पाप से परिपूर्ण है। वह काल-सलिल में डूब रही है। मैंने आत्मरक्षा के लिए राम का आश्रय लिया है।"

मेघनाद ने गरजकर कहा, "आप जगत् में धर्मपथगामी विख्यात हैं। पर किस धर्म के मत से आपने भ्रातृत्व और जातित्व को तिलांजलि दी है? सच है, जिसकी संगति नीच है, वह दुर्मति नीच क्यों न हो! हटिए, द्वार छोड़िए।"

यह कहकर वह बलपूर्वक आगे बढ़ने लगा। इसी समय लक्ष्मण की चेतना लौट आई। वे तुरंत खड़े होकर मेघनाद पर बाण-संधान कर लगातार बाण वर्षा करने लगे। बाणों से विद्ध होकर मेघनाद के शरीर से रक्त की धारा बह निकली। मेघनाद ने व्यथा से चीत्कार करके कहा, "अरे अधम चोर, ठहर!" यह कहकर वह यज्ञ के पात्र घंटा आदि उठा-उठाकर जल्दी-जल्दी लक्ष्मण पर फेंकने लगा। लक्ष्मण ने तेजी से बाणवर्षा कर मेघनाद को सर्वत्र क्षत-विक्षत कर दिया। वह बचने को इधर-उधर दौड़ता,

परंतु बाणवर्षा विकट थी। सहसा मंदिर में उज्ज्वल प्रकाश का उदय हुआ। स्वयं यमराज दंड हाथ में लिये महिष पर सवार दीख पड़े। उन्हें देख मेघनाद ने कहा, "हाय, अब मैं ऐसे मरता हूँ, जैसे चंद्रमा राहु के ग्रास से अथवा सिंह जाल में फँसकर।" यह कहते ही वह पृथ्वी पर गिर पड़ा।

लक्ष्मण धनुष छोड़ तलवार लेकर बोले, "मर रे अधम, मर, देवताओं के शत्रु मर, पृथ्वी को अशांत करनेवाले मर।" उन्होंने बारंबार आघात किए, जिससे मेघनाद रक्त से लथपथ हो छटपटाने लगा। इसी समय पृथ्वी डोल गई। दिशाएँ अंधकार से पूर्ण हो गईं और प्रलय के समान भयानक घोर रव होने लगा।

लक्ष्मण धनुष छोड़ तलवार लेकर बोले, "मर रे अधम, मर, देवताओं के शत्रु मर, पृथ्वी को अशांत करनेवाले मर।" उन्होंने बारंबार आघात किए, जिससे मेघनाद रक्त से लथपथ हो छटपटाने लगा। इसी समय पृथ्वी डोल गई। दिशाएँ अंधकार से पूर्ण हो गईं और प्रलय के समान भयानक घोर रव होने लगा।

मेघनाद ने लक्ष्मण से कहा, "अरे वीराधम, पामर, मुझे मृत्यु का शोक नहीं। पर तेरे आघात से मेरी मृत्यु हुई, इसका बड़ा शोक है। अरे नराधम, राक्षसराज जब यह सुनेंगे तो उनसे तेरी रक्षा कौन करेगा? हे पिता! हे माता! अपने चरणों से विदा करो। सती सुलोचने! विदा! चिर विदा!"

मेघनाद की आँखों से अश्रुधारा और शरीर से रक्तधारा बह निकली। कुछ क्षण बाद ही उसके प्राण निकल गए। मेघनाद को प्राणहीन देख विभीषण शूल फेंककर रोता हुआ उससे लिपट गया, "हाय पुत्र! हाय राक्षसराज रावण के आशास्तंभ, हाय मंदोदरी के नयन तारे, हाय सती सुलोचना के प्राण, उठो, वत्स उठो, मैं कुलांगार विभीषण तुम्हारा पितृव्य हूँ, मैं अभी द्वार खोल दूँगा, तुम शस्त्र लेकर लंका के कलंक को दूर करो। अरे, यह लंका का सूर्य तो मध्याह्न में ही अस्त हो गया! अरे वीर, तुम भूतल में क्यों पड़े हो? देखो, सेना जयोल्लास कर रही है। श्रृंगीनादी नाद कर रहे हैं, घोड़े भैरव रव से हिनहिना रहे हैं। विलंब मत करो, उठो वीर, उठो!"

लक्ष्मण ने उन्हें समझाते हुए कहा, "हे राक्षसराज! दुःख का दमन कीजिए।

वृथा शोक से क्या लाभ है, यह तो देवाज्ञा का पालन हुआ है। चलिए, अब शीघ्र प्रभु राम की सेवा में चलें। सुनिए, देवलोक में मंगलवाद्य बज रहे हैं।" वे विभीषण का हाथ पकड़ वहाँ से चल पड़े।

□

उधर लंका के रंगमहल में प्रातः होते ही सुलोचना स्नान-पूजा कर अलंकार धारण करने लगी। दासी अलंकार पहनाने लगी।

अलंकार धारण करते-करते सुलोचना कहने लगी, "अरी, ये मणिमय भुजबंध पहनने से मेरा हाथ क्यों दुखने लगा? कंठ की यह माला कंठ का अवरोध करने लगी। अरी सखी वासंती! ये अलंकार तो आप-ही-आप खिसके पड़ते हैं। मेरी दाहिनी आँख फड़क उठी, रोने की इच्छा होती है, स्वामी यज्ञागार में वैश्वानर की पूजा कर रहे हैं। तू अभी वहाँ जा और उनसे मुझ दासी का निवेदन कह कि आज अशुभ दिन में युद्ध न करें, मेरा मन तो जैसे डूबा जा रहा है।"

अलंकार धारण करते-करते सुलोचना कहने लगी, "अरी, ये मणिमय भुजबंध पहनने से मेरा हाथ क्यों दुखने लगा? कंठ की यह माला कंठ का अवरोध करने लगी। अरी सखी वासंती! ये अलंकार तो आप-ही-आप खिसके पड़ते हैं। मेरी दाहिनी आँख फड़क उठी, रोने की इच्छा होती है, स्वामी यज्ञागार में वैश्वानर की पूजा कर रहे हैं। तू अभी वहाँ जा और उनसे मुझ दासी का निवेदन कह कि आज अशुभ दिन में युद्ध न करें, मेरा मन तो जैसे डूबा जा रहा है।"

दासी बोली, "देवी, तनिक ध्यान से सुनो, यह आर्तनाद कैसा है, कौन रो रहा है? सेना का हुंकार बंद हो गया, दुंदुभि नहीं बज रही है। श्रृंगी नाद भी नहीं सुनाई पड़ रहा है।"

सुलोचना ने भी आर्तनाद सुना, "अरे, यह हाहाकार और रोदनध्वनि तो बढ़ती ही जा रही है। आज यह लंका पर कौन सी घोर विपदा आनेवाली है? पुरवासी क्यों रो रहे हैं? चलो, देवमंदिर में चलें।" वह उसी भाँति अर्धवस्त्रालंकार पहने सखियों सहित उठकर चल दी।

~ नौ ~

कैलासधाम में शिव गूढ़ चिंता में निमग्न थे। अंबिका भी निकट बैठी थीं। नंदी और अनुचर अपने-अपने स्थान पर थे।

शिव ने विषाद भरे स्वर में कहा, "देवि, लो तुम्हारा मनोरथ पूर्ण हुआ। रथीपति इंद्रजीत मार डाला गया। यह देखो, वह यज्ञागार में मरा पड़ा है। सेनाएँ अस्त्र फेंक रही हैं, नगर में हाहाकार मच रहा है। सती सुलोचना का भयानक क्रंदन तो सुनो। कहो, अब तो तुम संतुष्ट हुईं?"

अंबिका बोलीं, "प्रभो, भक्तों की तो हमें रक्षा करनी ही पड़ती है।"

"रावण मेरा परम भक्त है। उसके दुःख से मैं भी दुःखी हूँ। उसके ऊपर यह पुत्रशोक का आघात मेरे इस त्रिशूल के आघात से भी दारुण है। कहो, रावण पुत्र की मृत्यु का संवाद सुनकर क्या कहेगा? भय के मारे कोई उससे यह संवाद नहीं कहता। यदि मैं उसकी रक्षा आज रुद्रतेज से नहीं करूँगा तो वह यह संवाद सुनते ही मर जाएगा। प्रिये, मैंने तुम्हारे कहने से इंद्र को संतुष्ट किया, अब यदि अनुमति हो तो मैं दशानन को भी संतुष्ट करूँ?"

रावण मेरा परम भक्त है। उसके दुःख से मैं भी दुःखी हूँ। उसके ऊपर यह पुत्रशोक का आघात मेरे इस त्रिशूल के आघात से भी दारुण है। कहो, रावण पुत्र की मृत्यु का संवाद सुनकर क्या कहेगा? भय के मारे कोई उससे यह संवाद नहीं कहता। यदि मैं उसकी रक्षा आज रुद्रतेज से नहीं करूँगा तो वह यह संवाद सुनते ही मर जाएगा।

"देव, जो इच्छा हो, सो करो। केवल यह याद रहे कि राम इस दासी का भक्त है।"

शिव ने हँसकर वीरभद्र से कहा, "वत्स, तुम लंका जाओ। मेघनाद किस कौशल से मारा गया है, यह कोई नहीं जान सका और भय के मारे रावण से कोई उसका मृत्यु समाचार भी नहीं कहता, इसलिए तुम राक्षस दूत के वेश में जाकर रावण से यह संदेश कह दो और रुद्रतेज से रावण को भर दो।"

वीरभद्र 'जो आज्ञा' कहकर वायुवेग से चल दिया।

उधर अपने सभा-भवन में मंत्री-सभासद सहित रावण स्वर्णासन पर गंभीर भाव से बैठा हुआ कुछ सोच रहा था। कुछ देर बाद उसने कहा, "आज मेरा कलेजा ठंडा होगा। क्या वीरपुत्र पूजा कर चुका? क्या सैन्य युद्ध को प्रस्थान कर गया? जयनाद नहीं सुनाई देता। हाथी नहीं चिंघाड़ रहे। घोड़ों का भी भैरव रव नहीं सुन पड़ रहा है। वाम अंग फड़क रहे हैं। हृदय में वेदना हो रही है। मंत्री, क्या सेना प्रस्थान कर गई?"

मंत्री ने उत्तर दिया, "पृथ्वीनाथ! शृंगीनाद तो नहीं सुनाई दे रहा, किंतु यह कोलाहल कैसा है?"

रावण ने कहा, "यह सेना का जयनाद नहीं है। देखो यह कोलाहल तो बढ़ता ही जा रहा है।"

इसी समय वीरभद्र राक्षसदूत के रूप में आकर हाथ जोड़कर आँसू बहाने लगा।

रावण ने पूछा, "अरे दूत, क्या संदेश है? कह, क्या वीरपुत्र ने प्रस्थान कर दिया? चतुरंगिणी सेना क्या शत्रु के सम्मुख पहुँच गई?"

परंतु दूत चुपचाप आँसू गिराता रहा।

रावण ने कहा, "यह सेना का जयनाद नहीं है। देखो यह कोलाहल तो बढ़ता ही जा रहा है।"

इसी समय वीरभद्र राक्षसदूत के रूप में आकर हाथ जोड़कर आँसू बहाने लगा।

रावण ने पूछा, "अरे दूत, क्या संदेश है? कह, क्या वीरपुत्र ने प्रस्थान कर दिया? चतुरंगिणी सेना क्या शत्रु के सम्मुख पहुँच गई?"

"तू इतना शोकपूर्ण क्यों है? क्या तू कोई अमंगल वार्त्ता कहेगा? यदि भीषण वज्र से राम मारा गया हो तो मुझसे कह, मैं तुझे राजप्रासाद दूँगा।"

दूत ने कहा, "स्वामी, यह क्षुद्र प्राणी वह अमंगल वार्त्ता कैसे निवेदन करे।"

"अमंगल वार्त्ता? कौन सी अमंगल वार्त्ता? निर्भय कह। शुभाशुभ तो विधाता का विधान है। मैं तुझे अभयदान देता हूँ।"

"हे राक्षसराज! अजेय युवराज यज्ञस्थल में छल से वध कर डाले गए।

उनका रक्त-प्लावित शव यज्ञशाला में पड़ा है।"

यह सुनते ही रावण स्वर्णसिंहासन से मूर्च्छित होकर गिर पड़ा। सभासद दौड़-धूपकर उपचार करने लगे। सहसा बहुत से राक्षस रोते, चीत्कार करते सभास्थली में घुस आए।

रावण ने चैतन्य होकर पूछा, "अरे, चिररणंजय इंद्रजीत को किसने मारा, शीघ्र कहो!"

दूत ने हाथ जोड़कर बताया, "राजेंद्र, शोक त्यागकर धीरता से सुनिए। रामानुज लक्ष्मण ने छद्मवेश में यज्ञागार में प्रवेश करके उन्हें मार डाला। अब आप शोक को त्याग दीजिए, नहीं तो राक्षस कुलांगनाएँ चक्षु-जलधारा से पृथ्वी को डुबो देंगी। हे राजन्, आप महाधनुर्धारी हैं, शीघ्र पुत्रघाती दुर्मति शत्रु को भीमास्त्र से संहार कर लंका का त्रास हरिए।"

दूत ने हाथ जोड़कर बताया, "राजेंद्र, शोक त्यागकर धीरता से सुनिए। रामानुज लक्ष्मण ने छद्मवेश में यज्ञागार में प्रवेश करके उन्हें मार डाला। अब आप शोक को त्याग दीजिए, नहीं तो राक्षस कुलांगनाएँ चक्षु-जलधारा से पृथ्वी को डुबो देंगी। हे राजन्, आप महाधनुर्धारी हैं, शीघ्र पुत्रघाती दुर्मति शत्रु को भीमास्त्र से संहार कर लंका का त्रास हरिए।"

सहसा स्वर्गीय प्रकाश का वहाँ उदय हुआ। रुद्रतेज मूर्तिमान हुआ। रावण को दूत के स्थान पर स्वयं शिव बाघांबर पहने, त्रिशूल लिये दीख पड़े।

रावण सिंहासन से उठ हाथ जोड़कर बोला, "देवाधिदेव, आज इतने दिन बाद इस दीन की सुध ली। देव, आपके देखते-देखते लंका अनाथ हो गई!"

वह रुद्रतेज रावण के शरीर में प्रविष्ट हो गया।

रावण ने गहरी साँस छोड़कर भीम गर्जन से कहा, "स्वर्णपुरी लंका के वीरो, युद्ध के साज सजा लो। आज मैं इस शोकज्वाला से विश्व को भस्म करूँगा।"

दस

प्रभात के पूर्वाह्न में राम अपने शिविर में सहायक वर्गसहित बैठे प्रतीक्षा कर रहे थे। वानर सैन्य युद्ध के लिए सन्नद्ध हो रहा था, दलपति अपने-अपने दलों को व्यूहबद्ध कर रहे थे। इसी समय विभीषण और लक्ष्मण रक्त में लथपथ वहाँ आए। समस्त सेना वज्रगर्जन से जय-जयकार करने लगी।

राम उत्सुकता से खड़े होकर बोले, "अरे सौमित्र! आ गए, यह देखो, उनके शरीर से रक्त झर-झर झर रहा है! राक्षसराज विभीषण का भीमशूल भी टूटा हुआ है। मालूम होता है, वीरवर कठिन युद्ध करके आ रहे हैं।"

लक्ष्मण दौड़कर राम के चरणों में गिर पड़े, "रघुकुलमणि! इन चरणों के प्रताप से यह दास रण में जयी हुआ। अजेय मेघनाद आज मारा गया। देवगण निर्भय हुए। वायु और अग्निदेव स्वाधीन हो गए।"

राम उत्सुकता से खड़े होकर बोले, "अरे सौमित्र! आ गए, यह देखो, उनके शरीर से रक्त झर-झर झर रहा है! राक्षसराज विभीषण का भीमशूल भी टूटा हुआ है। मालूम होता है, वीरवर कठिन युद्ध करके आ रहे हैं।" लक्ष्मण दौड़कर राम के चरणों में गिर पड़े, "रघुकुलमणि! इन चरणों के प्रताप से यह दास रण में जयी हुआ। अजेय मेघनाद आज मारा गया। देवगण निर्भय हुए। वायु और अग्निदेव स्वाधीन हो गए।"

राम ने लक्ष्मण को छाती से लगाकर आँसू बहाते हुए कहा, "धन्य वीर, धन्य! अब मैं अवश्य सीता को प्राप्त कर सकूँगा। तुम्हारी जननी सुमित्रा धन्य है! जन्मभूमि अयोध्या धन्य है! और तुम्हारा यह ज्येष्ठ भ्राता भी धन्य है! तुम्हारा यह यश जगत् में अमर रहेगा।"

फिर विभीषण को भी आलिंगन करके बोले, "अरे सखा! इस शत्रुपुरी में शुभ घड़ी में मैंने तुम्हें पाया था, आज तुमने राघव कुल को मोल ले लिया। अब

चलो मित्र! शुभंकरी शंकरी की पूजा करें।"

समस्त वानर सैन्य ने फिर जयनाद किया। सहसा लंका सिंहनाद से हिल उठी, भूकंप सा आ गया। राम ने विभीषण से पूछा, "सखे! क्या प्रलय होनेवाला है ? पृथ्वी बारंबार काँप रही है। यह प्रलयनाद कैसा है ? अकस्मात् इन प्रलयमेघों ने सूर्य का ग्रास कर लिया है। यह विद्युत् क्षण-क्षण में चमक रही है। अरे मित्र! यह क्या माया है ?"

विभीषण ने भयभीत होकर कहा, रघुकुलमणि! राक्षसराज युद्धसाज सज रहा है, पुत्रशोक से वह भस्म हो रहा है। उसी के पदभार से पृथ्वी काँपती है। अब इस संकट से लक्ष्मण और कटक की कैसे रक्षा होगी? राक्षस सैन्य प्रलयनाद की भाँति श्रृंगीनाद कर रहा है, अग्निवर्ण वाले स्वर्णध्वज रथ दुर्घोष करते हए बाहर आ रहे हैं। चतुरंगिणी सेनाओं के पृथक्-पृथक् व्यूह सजाकर धीर नायक लंका से इस प्रकार बाहर हो रहे हैं, जैसे बाँबी से काला सर्प निकलता है। उग्र उदग्ररथियों का सेनानायक है। वज्रधारी इंद्र की भाँति गज-सेनानायक वारुकुल है। अश्वारोहियों का नायक महावीर अतिलोमा हुंकार भर रहा है। भयानक आकृति वाला विडालाक्ष पैदलों का अधिपति है। महादुर्मद पताका-दल आगे-आगे असंख्य पताकाएँ लिये बढ़ रहा है। जैसे दानवनाशिनी चंडी देवतेज से जन्म लेकर अट्टहास करती देवास्त्रों से सजी थी, उसी भाँति उग्रचंडा राक्षस सेना लंका में युद्धार्थ सज रही हैं, इसी से भू अधीर है।"

विभीषण ने भयभीत होकर कहा, रघुकुलमणि! राक्षसराज युद्धसाज सज रहा है, पुत्रशोक से वह भस्म हो रहा है। उसी के पदभार से पृथ्वी काँपती है। अब इस संकट से लक्ष्मण और कटक की कैसे रक्षा होगी ? राक्षस सैन्य प्रलयनाद की भाँति श्रृंगीनाद कर रहा है, अग्निवर्ण वाले स्वर्णध्वज रथ दुर्घोष करते हए बाहर आ रहे हैं।

राम ने स्थिर होकर कहा, "तब मित्र! शीघ्र ही सब सेनानायकों को यहाँ बुला लो। यह दास देवाश्रित है। देव ही इनकी रक्षा करेंगे।" विभीषण ने जोर

से शृंगीनाद किया, जिसे सुनकर अंगद, नल, नील, हनुमान, जांबवंत, रक्ताक्ष, सुग्रीव आदि सब नेता वहाँ आकर एकत्र हो गए।

राम बोले, "बीरगण! आज राक्षसपति रावण पुत्रशोक से विह्वल हो समरसाज सज रहा है। तुम सब त्रिभुवनजयी शूर हो। शीघ्र सजकर इस घोर विपत्ति में राम की रक्षा करो। अब लंका में एक रावण ही रथी बचा है। तुम्हारे ही बाहुबल पर मैंने समुद्र को बाँधा। शंभुसम पराक्रमी कुंभकर्ण का वध किया। अजेय मेघनाद मारा गया। मित्रो! रघुकुलवधू रावण के कारागार में बंद है, उसका उद्धार कर मेरे कुल और मान की रक्षा करो।"

यह सुन सुग्रीव ने कहा, "हे शूर! आपके प्रसाद से मैं राजसुख भोग रहा हूँ। मैं आपके चरणों में यह प्रतिज्ञा करता हूँ कि मैं रावण को मारूँगा या स्वयं मरूँगा। राक्षसों को सजने दो। मेरे वानर सैन्य में एक भी ऐसा नहीं, जो यम से भी डरे। हम निर्भय जूझेंगे।"

सुग्रीव के यह वचन सुनकर सब सैन्य गरज उठे, जिससे कनकलंका हिलने लगी। इसी समय देव सैन्य सहित वज्रमणि इंद्र ऐरावत पर आरूढ़ वहाँ प्रकट हुए। उनके आते ही स्वर्गीय वाद्य और संगीत से दिशाएँ भर गईं। राम ने इंद्र को साष्टांग प्रणाम करके कहा, "देवपति! इस दास को पूर्व पुरुषों के और पूर्व जन्म के पुण्य-प्रताप से ही इस विपत्ति में आपका पदाश्रय प्राप्त हुआ है।"

सुग्रीव के यह वचन सुनकर सब सैन्य गरज उठे, जिससे कनकलंका हिलने लगी। इसी समय देव सैन्य सहित वज्रमणि इंद्र ऐरावत पर आरूढ़ वहाँ प्रकट हुए। उनके आते ही स्वर्गीय वाद्य और संगीत से दिशाएँ भर गईं। राम ने इंद्र को साष्टांग प्रणाम करके कहा, "देवपति! इस दास को पूर्व पुरुषों के और पूर्व जन्म के पुण्य-प्रताप से ही इस विपत्ति में आपका पदाश्रय प्राप्त हुआ है।"

इंद्र बोले, "हे रघुमणि! तुम देवप्रिय हो। आओ, मेरे इस रथ पर चढ़कर रावण से युद्ध करो।"

राम इंद्र के रथ पर आरूढ़ हो गए। जुझाऊ बाजे बजते ही समस्त सैन्य

में अपार शौर्य व्याप्त हो गया। वानर सैन्य व्यूहबद्ध हो युद्धभूमि की ओर चलने लगी।

उधर रावण के राजमहल के प्रांगण में भी युद्ध की तैयारियाँ हो रही थीं। रावण रणसाज सजाकर शस्त्रबद्ध उन्मत्त सिंह की भाँति खड़ा था। इधर-उधर सेनापति वीरभाव से खड़े अगणित सैन्य को व्यूहबद्ध कर रहे थे। कुछ सैन्य युद्धक्षेत्र में जा भी चुका था, रणवाद्य बज रहे थे। ध्वजा आकाश में उड़ रही थी। रावण को युद्धक्षेत्र में जाने को उद्यत देख मंदोदरी सखियों सहित आ उसके पैरों में गिर पड़ी।

रावण ने मंदोदरी को उठाकर कहा, "प्रिये, धैर्य धारण करो। विधाता हमारे प्रतिकूल है। तुम शीघ्र अंत:पुर लौट जाओ। मैं इस समय रण का यात्री हूँ। अब तो मुझे पुत्रश्रेष्ठ की मृत्यु का बदला लेना है। जाओ देवी, विलाप के लिए बहुत समय मिलेगा। मैं तनिक उस कपटी चोर सौमित्र का हृदय विदीर्ण कर आऊँ, फिर इस निरर्थक राज्यसुख को तिलांजलि देकर हम दोनों रात-दिन एकांत में बैठ पुत्र का स्मरण करते रहेंगे। अरे, रोती हो? रानी, यह रोषाग्नि अश्रुनीर से न बुझेगी। विशाल शाल आज भूपतित हो गया, गिरिवर का शृंग चूर्ण हो गया। चंद्रमा को सदैव के लिए राहु ने ग्रस लिया।"

प्रिये, धैर्य धारण करो। विधाता हमारे प्रतिकूल है। तुम शीघ्र अंत:पुर लौट जाओ। मैं इस समय रण का यात्री हूँ। अब तो मुझे पुत्रश्रेष्ठ की मृत्यु का बदला लेना है। जाओ देवी, विलाप के लिए बहुत समय मिलेगा। मैं तनिक उस कपटी चोर सौमित्र का हृदय विदीर्ण कर आऊँ, फिर इस निरर्थक राज्यसुख को तिलांजलि देकर हम दोनों रात-दिन एकांत में बैठ पुत्र का स्मरण करते रहेंगे। अरे, रोती हो?

"हाय, इस कनकलंका को अनाथ करके राक्षसकुल के अंतिम एकमात्र नक्षत्रस्वरूप तुम भी उस मायावी के सम्मुख जा रहे हो! हे नाथ, मैं कैसे धैर्य धारण करूँ?"

"देवी, धैर्य धारण करना ही होगा। अब अंत:पुर में जाओ।"

रानी रोती हुई, गिरती-पड़ती अंत:पुर की ओर बढ़ी।

रावण ने अपने सैनिकों को ललकारकर कहा, "जिसके पराक्रम से राक्षस सैन्य देवलोक और नरलोक को पराजित करती रही, जिसके भय से पाताल में नाग भयभीत रहे, वह राक्षसकुल का दीपक अन्याम्य समर में मारा गया है। रामानुज लक्ष्मण ने चोर की भाँति देवालय में प्रवेश करके पुत्रवर का वध किया है। हाय, मेरा पुत्र वहाँ उस समय निरस्त्र था। उसी दशा में वह मारा गया! मैंने तुम्हें सदा पुत्रवत् पाला है, सारे भूमंडल में राक्षसवंश की ख्याति फैली है, परंतु मैंने व्यर्थ, देव, दैत्य, नरकुल को जय किया। अब विलाप से क्या होगा? क्या वह फिर लौट आएगा? क्या आँसुओं से मृत्यु भी द्रवित हो सकती है? मैं आज युद्ध में अधर्मी मूढ़ सौमित्र का वध करूँगा, नहीं तो लंका में नहीं लौटूँगा। रथीगण, यह मेरी प्रतिज्ञा है। अरे! मेघनाद का वध हुआ है, यह सुनकर राक्षसकुल में कौन जीना चाहेगा। चलो, समर में पुत्र का शत्रु के रक्त से तर्पण करें।"

जिसके पराक्रम से राक्षस सैन्य देवलोक और नरलोक को पराजित करती रही, जिसके भय से पाताल में नाग भयभीत रहे, वह राक्षसकुल का दीपक अन्याम्य समर में मारा गया है। रामानुज लक्ष्मण ने चोर की भाँति देवालय में प्रवेश करके पुत्रवर का वध किया है। हाय, मेरा पुत्र वहाँ उस समय निरस्त्र था।

यह सुन सेना सिंहनाद कर उठी और उसने युद्धस्थल की ओर मुख किया। युद्धस्थल पहुँचते ही दोनों सेनाओं में घनघोर युद्ध छिड़ गया। हाथी, पैदल, रथी, सवार सब परस्पर लड़ने लगे। पुष्पक पर आरूढ़ रावण को सारथी वायुवेग से राम के रथ के सम्मुख ले चला।

रावण ने सहस्रों मायास्त्र चलाकर इंद्र के व्यूह को छिन्न-भिन्न कर डाला। कुमार कार्तिकेय अग्नि के रथ में बैठकर आगे बढ़े। उन्हें देख रावण रथ रोककर हाथ जोड़ प्रणाम कर बोला, "देवकुमार, यह दास शंकर और शंकरी की रात-दिन पूजा करता है। आज आपको वैरी दल के साथ क्यों देखता हूँ? नराधम राम पर आपका इतना अनुग्रह क्यों है? कपटी लक्ष्मण ने अधर्मपूर्वक मेरे पुत्र का वध किया है, आज मैं उसका हनन करूँगा। कृपा कर रास्ता छोड़ दीजिए।"

कार्तिकेय ने कहा, "रथीराज, देवराज इंद्र के आदेश से मैं आज लक्ष्मण की रक्षा करूँगा। तुम मुझे बाहुबल से परास्त करके आगे जा सकते हो।"

यह सुनकर रावण ने हुंकार भरी और आग्नेयास्त्र छोड़ दिया, जिससे कुमार कार्तिकेय शरजाल में छिप गए। तभी विजया सौदामिनी के रूप में आकर कुमार के कान में बोली, "हे शक्तिधर, शक्ति का आदेश है कि अपने अस्त्र समेट लो। आज रावण रुद्रतेज से परिपूर्ण है।"

रावण गदा लेकर रथ से कूद पड़ा। इंद्र ने वज्र-प्रहार किया। रावण ने भी गदा मारकर ऐरावत को गिरा दिया, फिर रथ पर सवार हो गया। इंद्र भी रथ पर सवार हो गए। दोनों में घनघोर दिव्यास्त्रों से युद्ध होने लगा। राम दिव्य रथ पर बैठे धनुष-बाण ले सिंहनाद कर आगे बढ़े।

कार्तिकेय ने हँसकर रथ लौटा लिया। अब रावण सिंहनाद करता हुआ इंद्र के ऐरावत के सम्मुख आया। हजारों गंधर्व दौड़कर रावण पर आग्नेयास्त्रों की वर्षा करने लगे। रावण ने सबको परास्त कर ऐरावत के सिर पर तोमर मारी, परंतु इंद्र ने उसे बीच ही में काट डाला।

यह देख रावण क्रुद्ध हो बोला, "अरे निर्लज्ज, तेरी ही चाल से पुत्र का वध हुआ है। और अब उसके वध होने पर तू लंका में आया है? शोक, तू अमर है, पर लक्ष्मण की रहना आज मेरे हाथ से नहीं कर सकता।"

रावण गदा लेकर रथ से कूद पड़ा। इंद्र ने वज्र-प्रहार किया। रावण ने भी गदा मारकर ऐरावत को गिरा दिया, फिर रथ पर सवार हो गया। इंद्र भी रथ पर सवार हो गए। दोनों में घनघोर दिव्यास्त्रों से युद्ध होने लगा। राम दिव्य रथ पर बैठे धनुष-बाण ले सिंहनाद कर आगे बढ़े।

रावण ने राम को संबोधित करके कहा, "सीतापति, आज मैं तुमसे नहीं लड़ूँगा। इस पृथ्वी पर और एक दिन निर्विघ्न जीवित रह लो। वह तुम्हारा कपटी पामर भाई कहाँ है? आज उसे मारूँगा।"

उसने दूर से लक्ष्मण को देखा। उसने भैरवनाद करता उसी ओर रथ बढ़ाया। लक्ष्मण भी कभी रथ पर चढ़कर, कभी उतरकर युद्ध करने लगे।

हनुमान भी विडालाक्ष को मारकर रावण के सम्मुख आकर हुंकार भरने लगे।

रावण ने उन पर सहस्र बाण छोड़कर कहा, "हट रे पशु, मार्ग छोड़!"

हनुमान ने वायु का स्मरण किया और गरजकर बोले, "अरे परदारा लोभी, चोर, तनिक ठहर!"

उन्होंने रथ को पकड़कर घुमा डाला। रावण महास्त्र छोड़ आगे बढ़ा, पर तभी सुग्रीव उदग्र को मारकर आगे आ खड़े हुए। उन्हें देखकर रावण हँसा, "अरे बर्बर, अपनी भ्रातृवधू तारा को छोड़ तू किस कुक्षण में यहाँ मरने आया? हट जा, तुझे छोड़े देता हूँ, नहीं तो तारा को फिर विधवा होना पड़ेगा।"

सुग्रीव ने कहा, "अरे अधर्मी, मैं अभी तुझे मारकर मित्रवधू का उद्धार करता हूँ।"

उन्होंने गरजकर एक गिरिश्रृंग रावण पर फेंका। रावण ने उसे शरों से बींधकर सुग्रीव को भी शरों से बेध डाला।

अब रावण बाधाहीन होकर लक्ष्मण के सम्मुख आया। लक्ष्मण को देखते ही वह क्रोधित हो उठा। उसने कहा, "नराधम, इतनी देर में तू मुझे मिला। कह, कहाँ है इंद्र-कार्तिकेय-राम-सुग्रीव-हनुमान? अरे नीच! अब बोल, तेरी रक्षा कौन करेगा? जब अपनी जननी सुमित्रा और पत्नी उर्मिला का स्मरण कर ले। मैं अभी तेरा मांस मांसाहारी जीवों को दूँगा।"

अब रावण बाधाहीन होकर लक्ष्मण के सम्मुख आया। लक्ष्मण को देखते ही वह क्रोधित हो उठा। उसने कहा, "नराधम, इतनी देर में तू मुझे मिला। कह, कहाँ है इंद्र-कार्तिकेय-राम-सुग्रीव-हनुमान? अरे नीच! अब बोल, तेरी रक्षा कौन करेगा? जब अपनी जननी सुमित्रा और पत्नी उर्मिला का स्मरण कर ले। मैं अभी तेरा मांस मांसाहारी जीवों को दूँगा।"

उसने धनुष उठाकर अनगिनत बाण छोड़ डाले। रावण का यह प्रहार देख राम के कटक में हाहाकार मच गया। लक्ष्मण ने तनिक भी भयभीत न होकर कहा, "अरे राक्षसराज, मेरा जन्म क्षत्रियकुल में हुआ है, मैं यम से भी नहीं

डरता। तुम पुत्रशोक में अधीर हो रहे हो, थोड़ा धैर्य धारण करो, मैं तुम्हें अभी तुम्हारे पुत्र के पास पहुँचाकर शोक दूर कर दूँगा।"

दोनों में घनघोर युद्ध छिड़ गया। भाँति-भाँति के दिव्यास्त्र छोड़े जाने लगे। रावण असंख्य बाण मारता है, परंतु लक्ष्मण सबको काट डालते हैं। यह देख रावण ने विस्मित होकर कहा, "रे सौमित्र! मैं तेरी प्रशंसा करता हूँ, तुझमें शक्तिधर कार्तिकेय से अधिक सामर्थ्य है, परंतु आज तू जीवित नहीं बच सकता। ले रे मेरे पुत्रघाती! मर!"

दोनों में घनघोर युद्ध छिड़ गया। भाँति-भाँति के दिव्यास्त्र छोड़े जाने लगे। रावण असंख्य बाण मारता है, परंतु लक्ष्मण सबको काट डालते हैं। यह देख रावण ने विस्मित होकर कहा, "रे सौमित्र! मैं तेरी प्रशंसा करता हूँ, तुझमें शक्तिधर कार्तिकेय से अधिक सामर्थ्य है, परंतु आज तू जीवित नहीं बच सकता। ले रे मेरे पुत्रघाती! मर!"

यह कहकर रावण ने प्रबल महाशक्ति छोड़ी। वह बिजली की भाँति प्रकाश करती हुई सहस्रों बिजली की कड़ाकड़ाहट के साथ लक्ष्मण के हृदय में जाकर लगी। लक्ष्मण मूर्च्छित हो पृथ्वी पर गिर पड़े। वानर सैन्य में आर्तनाद फैल गया। यूथ के वानर योद्धाओं ने लक्ष्मण के शरीर को घेर लिया, लक्ष्मण को मृत समझ रावण बादल की भाँति गरजता हुआ लौट गया। राक्षस सैन्य में बाजे बज उठे। राम सैन्य अस्त-व्यस्त हो शोक-विह्वल हो गया।

ग्यारह

उस कालरात्रि में राम कटक में स्थान-स्थान पर अग्निचिताएँ जल रही थीं। एक स्थान पर लक्ष्मण पृथ्वी पर पड़े थे। राम भी निकट ही मूर्च्छित पड़े थे। त्रिभीषण, अंगद, हनुमान, नल, नील, सुग्रीव, सुबाहु आदि सेनानायक नीचा सिर किए खड़े थे। सैन्य स्तब्ध थी। कोई विश्राम नहीं कर रहा था।

कुछ देर बाद राम की मूर्च्छा टूटी। उन्होंने चैतन्य होकर लक्ष्मण को संबोधित करते हुए कहा, "अरे वीर, तुम तो सदैव रात्रि में धनुष-बाण लिये जागा करते थे। आज मैं इस राक्षसपुरी में फँसा हूँ तो तुम ऐसे निश्चिंत सो रहे हो? कहो, अब कौन मेरी रक्षा करेगा? अरे, जानकी देवर लक्ष्मण को याद करके कारागार में सदा रोती है। तुम तो सदा माता के समान उसका आदर करते थे, आज कैसे भूल गए? अरे, तुम्हारी कुलवधू को राक्षसराज ने बंदी बना रखा है, ऐसे दुष्ट चोर को बिना दंड दिए तुम्हें इस प्रकार शयन करना उचित है? अरे बली! तुम्हारे बिना यह वीर हनुमान ऐसे हो रहे हैं, जैसे बिना डोरी का धनुष। ये सुग्रीव, विभीषण, जामवंत, अंगद—देखो सभी व्याकुल हैं। हा वीर रघुकुलमणि! अरे, धनुर्धर! यदि इस रण में तुम क्लांत हो गए तो चलो वन को लौट चलें। अभागिन सीता बंदी ही रहे। अरे जब माता पूछेंगी कि मेरा नयनमणि लक्ष्मण कहाँ है तो क्या जवाब दूँगा मैं? उर्मिला को क्या कहूँगा? पुरजनों को क्या कहूँगा?"

अरे वीर, तुम तो सदैव रात्रि में धनुष-बाण लिये जागा करते थे। आज मैं इस राक्षसपुरी में फँसा हूँ तो तुम ऐसे निश्चिंत सो रहे हो? कहो, अब कौन मेरी रक्षा करेगा? अरे, जानकी देवर लक्ष्मण को याद करके कारागार में सदा रोती है। तुम तो सदा माता के समान उसका आदर करते थे, आज कैसे भूल गए? अरे, तुम्हारी कुलवधू को राक्षसराज ने बंदी बना रखा है, ऐसे दुष्ट चोर को बिना दंड दिए तुम्हें इस प्रकार शयन करना उचित है?

यह कहकर वे सिर धुनकर रोने लगे। सब योद्धा भी रोने लगे। एकाएक प्रकाश फैल गया और महामाया प्रकट होकर राम का स्पर्श करके बोली, "उठो वत्स, शोक त्याग करो। तुम्हारा भाई सौमित्र जी उठेगा।"

राम ने चैतन्य होकर कहा, "माता, मैं इस चंद्र, सूर्य, नक्षत्रयुक्त संसार में लक्ष्मण के बिना जीवित नहीं रह सकता। आज्ञा दीजिए तो मैं यही आपके चरणों में प्राण त्याग दूँ।"

"रामभद्र, रुदन बंद करो। सुलक्षण लक्ष्मण का प्राण अभी उसकी देह में इस प्रकार बद्ध है, जैसे कारागार में बंदी। अब उसे जीवित करने की जो युक्ति बताती हूँ, सो सुनो।"

"देवी, उस युक्ति को करने में हमारे प्राण भी जाएँ तो भी हम करेंगे।"

"राम, तुम तुरंत सागर के पवित्रजल में स्नान करके मेरे साथ हिमालय चलो। शिव की कृपा से तुम सशरीर प्रेतपुर में प्रवेश कर सकोगे। यम स्वयं तुम्हें लक्ष्मण के जीवन-लाभ करने के उपाय बताएँगे। उठो, मैं सुरंग-पथ बताऊँगी। तुम सुग्रीवादि दलपतियों की रक्षा में लक्ष्मण को छोड़ निर्भय मेरे साथ चलो।"

"जो आज्ञा देवी।" फिर सुग्रीव आदि से बोले, "बंधुगण, यह भाग्यहीन राम विपत्ति में आपके सहारे है। अपने प्राणधन को तुम्हें सौंपे जाता हूँ।" राम महामाया के साथ प्रेतपुरी चले। सर्वत्र अंधकार था। कड़कड़ाहट, गर्जन-तर्जन, वैतरणी नदी का कल-कल निनाद। कभी उस पर स्वर्ण पुल दिखता, कभी लुप्त हो जाता। असंख्य प्राणियों का आर्तनाद सुनाई दे रहा था।

"जो आज्ञा देवी।" फिर सुग्रीव आदि से बोले, "बंधुगण, यह भाग्यहीन राम विपत्ति में आपके सहारे है। अपने प्राणधन को तुम्हें सौंपे जाता हूँ।"

राम महामाया के साथ प्रेतपुरी चले। सर्वत्र अंधकार था। कड़कड़ाहट, गर्जन-तर्जन, वैतरणी नदी का कल-कल निनाद। कभी उस पर स्वर्ण पुल दिखता, कभी लुप्त हो जाता। असंख्य प्राणियों का आर्तनाद सुनाई दे रहा था।

राम ने कहा, "हे माता! यह अद्भुत चमत्कार कैसा है? यह माया का पुल कभी दिखता है, कभी लुप्त हो जाता है। इस महानदी में असंख्य प्राणी कहाँ बहे चले जा रहे हैं?"

"राम, यही वैतरणी नदी है और इस पर यह सेतु कामरूप है। यह पापी के लिए अदृश्य हो जाता है और पुण्यात्मा के लिए प्रकट हो जाता है। आओ, मैं तुम्हें ऐसे दृश्य दिखाऊँगी, जो मानव-नेत्र ने कभी नहीं देखे।"

वे आगे बढ़ीं, विराट् मूर्ति दंडपाणि यमदूत सम्मुख दिख पड़े। यमदूत ने

गरजकर पूछा, "तुम कौन हो और किस बल से तुमने इस आत्मामय प्रदेश में शरीरसहित प्रवेश किया है?"

माया ने हँसकर, त्रिशूल दिखाकर कहा, "यह देखो।"

यमदूत ने नमस्कार करके कहा, "साध्यदेवी, आपकी गति रोकने की मेरी सामर्थ्य नहीं।" यह कहकर वे चले गए।

दोनों फिर आगे बढ़े। यमपुरी के लौह द्वार पर ज्वर दिख पड़ा—अस्थि-पंजर थरथर काँपता हुआ, कभी दाह से जलता हुआ। माया बोलीं, "हे राम! यह पापियों के जीवन-मरण का साथी ज्वर है। और यह देखो, अजीर्ण है, यह भोजन करता है, वमन करता है और फिर उसे ही खाता है। यह मदिरा है, कैसी आँखें मिचमिचा रही है, इसी के पास यह दुष्टा कामुकता है, इसके शरीर से कैसी बास आ रही है। यह देखो, यह राजयक्ष्मा है, दिन-रात खाँस-खाँसकर खून थूकती है। यह ज्योतिहीन नेत्रों वाली विशूचिका है। यह देखो, सम्मुख अग्निरथ में युद्ध आ रहा है, उसके वस्त्रों से ताजा रक्त टपकता है। उसका सारथी क्रोध है, गले में मुंडमाल पहने है। वह आत्महत्या वृक्ष से लटक रही है। रस्सी में उसका शरीर झूल रहा है। लाल जीभ और आधी बंद आँखें कैसी भयानक हैं। आओ, अब मैं तुम्हें इस यमपुरी में नरककुंड दिखाऊँ। सब मिलाकर चौरासी कुंड हैं। यह देखो, यही रौरव कुंड है। इसमें अनंत अग्निज्वाल भरा है। परधनहारी यहाँ वास करता है।"

हे राम! यह पापियों के जीवन-मरण का साथी ज्वर है। और यह देखो, अजीर्ण है, यह भोजन करता है, वमन करता है और फिर उसे ही खाता है। यह मदिरा है, कैसी आँखें मिचमिचा रही है, इसी के पास यह दुष्टा कामुकता है, इसके शरीर से कैसी बास आ रही है। यह देखो, यह राजयक्ष्मा है, दिन-रात खाँस-खाँसकर खून थूकती है।

राम ने अधीर होकर कहा, "दया करो मातेश्वरी! मैं यह सब नहीं देख सकता। हाय, हाय! यहाँ तो करोड़ों प्राणी छटपटा और हाहाकार कर रहे हैं। हाय, हाय! कैसी भयानक दुर्गंध है, जैसे लाखों शव जल रहे हों।"

"ठहरो। मैं मायाबल से तुम्हारे नासारंध्र बंद किए देती हूँ। यह देखो, यह कुंभीपाक नरक है, यहाँ तप्त तेल में प्राणी तले जाते हैं।"

तभी सब प्रेत राम को घेरकर खड़े हो गए। उन्होंने पूछा, "कौन हो? तुम कौन हो? किस मायाबल से शरीर सहित यहाँ आ गए? तुम्हें देखकर इस नरक में भी शांति मिलती है।"

राम बोले, "हे प्रेतकुल! यह दास दशरथपुत्र राम है। भाग्यदोष से मैं वनवासी हुआ हूँ और शंकर की आज्ञा से धर्मराज से भेंट करने आया हूँ।"

एक प्रेत ने कहा, "हाँ, मैं तुम्हें जानता हूँ, तुम्हारे बाण से मैं मरा था। मैं मारीच हूँ।"

पर तुरंत ही सब प्रेत भाग गए। एक आर्तनाद सुनाई दिया, यमदूती बहुत सी स्त्रियों को मारती ला रही थी। एक स्त्री अपने बाल नोचकर बोली, "हाय, मैं तुम्हें चिकनाकर कामियों को फँसाती थी!"

दूसरी ने अपनी नंगी छाती चीरकर बताया, "हाय, मैं तुझे हीरे-मोतियों से सजाती थी।"

तीसरी अपनी आँखें उँगलियों से निकालकर कहने लगी, "मैंने तुमसे बहुतों को कुदृष्टि से देखा था।"

एक प्रेत ने कहा, "हाँ, मैं तुम्हें जानता हूँ, तुम्हारे बाण से मैं मरा था। मैं मारीच हूँ।"
पर तुरंत ही सब प्रेत भाग गए। एक आर्तनाद सुनाई दिया, यमदूती बहुत सी स्त्रियों को मारती ला रही थी। एक स्त्री अपने बाल नोचकर बोली, "हाय, मैं तुम्हें चिकनाकर कामियों को फँसाती थी!"

चौथी अपना मुख नोचकर बोली, "अरे! तेरे सौंदर्य से मैंने बहुतों को ठगा।"

यह देख राम ने कहा, "हे माता! यहाँ से चलिए। यह तो देखा नहीं जाता।"

माया ने बताया, "यह सब कुलटा स्त्रियाँ हैं। कभी ये कामियों का मन मोहती थीं, अब वह रूपमाधुरी कहाँ है!"

"हे माता, अब कृपा कर मुझे धर्मराज के निकट ले चलिए, मैं उनसे

लक्ष्मण को विनयपूर्वक माँग लूँगा।"

"राम, यह पुरी असीम है। अच्छा, उत्तर द्वार पर चलो, वहाँ धर्मराज मिलेंगे।"

राम क्षण भर में उत्तर द्वार पर पहुँच गए। वहाँ मधुर वाद्य बज रहे थे, फूल खिल रहे थे, शीतल-मंद-सुगंध वायु बह रही थी।

महामाया ने बताया कि इस द्वार पर वे वीर सुख भोगते हैं, जो युद्ध में प्राण त्यागते हैं। देखो, वह एक वीर आ रहा है।"

वीर प्रेत ने समीप आकर कहा, "हे राम! आप यहाँ सशरीर किस भाँति आए हो? मुझे पहचानते हो? तुमने सुग्रीव का पक्ष लेकर अन्याय से मुझे मारा था, पर डरो मत, यहाँ हम लोग अक्रोधी हैं। देखो, वह जो सुनहरी फूलों का उद्यान दिख रहा है, उसमें सती सीता की रक्षा में प्राण देनेवाले जटायु विहार करते हैं।"

वीर प्रेत ने समीप आकर कहा, "हे राम! आप यहाँ सशरीर किस भाँति आए हो? मुझे पहचानते हो? तुमने सुग्रीव का पक्ष लेकर अन्याय से मुझे मारा था, पर डरो मत, यहाँ हम लोग अक्रोधी हैं। देखो, वह जो सुनहरी फूलों का उद्यान दिख रहा है, उसमें सती सीता की रक्षा में प्राण देनेवाले जटायु विहार करते हैं।"

यह सुन राम आगे बढ़े। जटायु ने उन्हें देखा। वह बोला, "अरे रघुकुलमणि, तुम्हें सशरीर यहाँ देख मेरे नयन तृप्त हुए। कहो, क्या दुर्मति रावण मारा गया?"

राम ने उत्तर दिया, "तात, आपके पद-प्रसाद से घोर संग्राम में अनेक राक्षस विध्वस्त हो गए हैं। राक्षसपुरी में अकेला रावण रह गया है। उसकी शक्ति से लक्ष्मण मारा गया है। इसलिए यह दास इस दुर्गम देश में शिव के आदेश से आया है। मुझ दास से कहो कि मेरे पिता कहाँ हैं?"

"वे पश्चिम द्वार पर राजर्षियों में विराजमान हैं। आओ, देखो, वह द्वार स्वर्ग का है और उसके गृह हीरों से जड़े हैं। वहाँ तुम्हारे पिता तुम्हारे लिए धर्मराज की पूजा करते हैं। देखो, वे स्वयं तुम्हें देखकर कैसे दौड़े आ रहे हैं।"

दशरथ ने पास आकर दोनों बाहु फैलाकर कहा, "प्राणाधिक, तुम इतने दिन से मेरे नेत्रों को तृप्त करने इस दुर्गम देश में आए हो। रामभद्र, तेरे वियोग में बड़े दुःख सहे। अरे, धर्मपथगामी वत्स, निर्दय विधाता ने मेरे कर्मदोष से तुझे क्लेश दिया!"

राम ने रोते हुए कहा, "तात, अब यह दास अगाध सागर में बहा जाता है, इस विपद में मेरी रक्षा कीजिए। आज घोर रण में भाई लक्ष्मण मारा गया है, उसे मिले बिना मैं चंद्र-सूर्य-तारों से सुशोभित-मृत्युलोक में नहीं जाऊँगा।"

"मैं सब जानता हूँ वत्स, पर चिंता न करो, लक्ष्मण का प्राण अभी उसके शरीर में बद्ध है। सुनो, गंधमादन नामक पर्वत पर श्रृंगदेश में हेमलता नामक एक ओषधि है, उसे लाकर अपने भाई को जीवित करो। आज स्वयं यमराज ने यह उपाय मुझे बताया है। सुनो, तुम्हारा अनुचर हनुमान पवनपुत्र है, वह प्रभंजन सम महाबली है, वह मुहूर्त भर में ओषधि ले आएगा और तुम नियत समय पर विषम संग्राम में रावण का वध कर सकोगे। तुम्हारे बाण से वह पापी सवंश नष्ट होगा, रघुकुलवधू घर लौटकर आवेगी, परंतु वत्स, तुम्हारे भाग्य में सुख नहीं है। जैसे धूपदान में गंध-रस जलकर गृह को सुगंधित करता है, उसी तरह तुम्हारा अक्षय सुयश भी देश में व्याप्त रहेगा। पुत्र, भूमंडल में अब आधी रात बीत गई है, जल्दी से चले जाओ और हनुमान को वह ओषधि लेने भेजो। रात रहते ओषधि आनी चाहिए।"

मैं सब जानता हूँ वत्स, पर चिंता न करो, लक्ष्मण का प्राण अभी उसके शरीर में बद्ध है। सुनो, गंधमादन नामक पर्वत पर श्रृंगदेश में हेमलता नामक एक ओषधि है, उसे लाकर अपने भाई को जीवित करो। आज स्वयं यमराज ने यह उपाय मुझे बताया है।

"तात, अपनी चरणरज दीजिए।"

"नहीं वत्स, तुम मुझे नहीं छू सकते, यह वह शरीर नहीं है, छायामात्र है।"

राम ने प्रणाम करके कहा, "जैसी आज्ञा!"

~ बारह ~

अगला प्रभात आया! रावण विषण्णवदन आकर अपने स्वर्णसिंहासन पर बैठ गया। सभासद, मंत्री, सेवक सब यथास्थान बैठे हुए थे। इसी समय राम कटक का उल्लास-कोलाहल सुनाई दिया।

रावण ने मंत्री से पूछा, "सचिव सारण, वैरीगण रात भर शोकातुर रहे, उनके क्रंदन से लंका की प्राचीर काँप गई, परंतु अब यह कैसा आनंदोल्लास आकाश को विदीर्ण कर रहा है? क्या मूढ़ सौमित्र ने पुनः प्राणदान पाया है?"

सारण ने हाथ जोड़कर कहा, "राजेंद्र, इस मायिक संसार में दैवी माया को कौन समझ सकता है?"

"अरे दैव उसके अनुकूल है। जिस राम ने अविराम सागर को अपने कौशल से बाँध डाला, जिसकी माया के तेज से शिलाएँ जल में तैरने लगीं, जो समर में दो बार मरकर जी उठा, उसके लिए असाध्य क्या है? परंतु अब यह कौन सी नई घटना घटित हुई?"

सारण ने हाथ जोड़कर कहा, "राजेंद्र, इस मायिक संसार में दैवी माया को कौन समझ सकता है?" "अरे दैव उसके अनुकूल है। जिस राम ने अविराम सागर को अपने कौशल से बाँध डाला, जिसकी माया के तेज से शिलाएँ जल में तैरने लगीं, जो समर में दो बार मरकर जी उठा, उसके लिए असाध्य क्या है? परंतु अब यह कौन सी नई घटना घटित हुई?"

सारण ने खेदपूर्वक उत्तर दिया, "स्वामी, शैलकुलपति गंधमादन ने निशाकाल में महौषधि देकर लक्ष्मण को प्राणदान दिया है। वही शूर सौमित्र वीरदर्प से गरज रहा है और रामसैन्य उल्लास से नाद कर रहा है।"

"किंतु सुदूर पर्वतराज के अगम्य शिखर से इस अल्पकाल में कौन बली महौषधि लाया?"

महामारुति ने यह पराक्रम किया। जैसे हिमांत में भुजंग तेजपूर्ण हो जाता है,

उसी भाँति दिव्यौषधि के प्रभाव से लक्ष्मण आज ओज से परिपूर्ण हो रहा है।"

रावण ने विषाद से साँस लेकर कहा, "विधि के विधान में कौन क्या करेगा ? सम्मुख समर में मैंने देव और मनुष्य सभी को परास्त कर कल जिस रिपु का वध किया, वह दैवबल से बच गया। यमराज भी अपना धर्म भूल गए, अब इस व्यर्थ प्रलाप से क्या होगा ? मैं समझ गया, राक्षसकुल-गौरव रवि अस्त होगा। जब शूलीसम भाई कुंभकर्ण और अजेय इंद्रजीत समर में मारे गए, तब अब मैं किसलिए प्राण धारण करूँ! इस भव में उन्हें कहाँ पाऊँगा ? मंत्रिश्रेष्ठ, तुम वैरी राम से जाकर कहो कि राक्षसराज रावण तुमसे यह भिक्षा माँगता है कि सात दिन तक वैरभाव त्याग सैन्य सहित विश्राम करो। राजा अपने पुत्र की अंत्येष्टि क्रिया यथाविधि करना चाहता है। उनसे कहना कि हे वीर! तुम्हारे बाहुबल से वीरयोनि लंका अब वीर-शून्या है। तुम वीरकुल में धन्य हो, विधि तुम्हारे अनुकूल है, राक्षसकुल विपत्तिग्रस्त है, सो तुम वीरधर्म का पालन करो। वीरगण सदा विपक्षी वीर का सम्मान करते हैं। जाओ मंत्रिवर, अब विलंब न करो।"

विधि के विधान में कौन क्या करेगा ? सम्मुख समर में मैंने देव और मनुष्य सभी को परास्त कर कल जिस रिपु का वध किया, वह दैवबल से बच गया। यमराज भी अपना धर्म भूल गए, अब इस व्यर्थ प्रलाप से क्या होगा ? मैं समझ गया, राक्षसकुल-गौरव रवि अस्त होगा। जब शूलीसम भाई कुंभकर्ण और अजेय इंद्रजीत समर में मारे गए, तब अब मैं किसलिए प्राण धारण करूँ! इस भव में उन्हें कहाँ पाऊँगा ?

यह सुन मंत्री सारण वंदना कर साथियों सहित नीचा सिर किए रोता हुआ राम के पास चला। रावण ठंडी साँस लेकर उठा और अंतःपुर की ओर बढ़ा।

राम-लक्ष्मण आसन पर बैठे सब वीरों सहित युद्ध-मंत्रणा कर रहे थे। दल में उत्साह से समरसाज सजने की तैयारियाँ चल रही थीं। अंगद ने आकर सूचना दी—

"देव, जगद्विख्यात राक्षसकुल मंत्री सारण समस्त मंत्रियों एवं प्रमुख

राजसभासदों सहित शिविर-द्वार पर उपस्थित होकर चरण-दर्शन की प्रार्थना करता है। जो आज्ञा हो, वह यह दास उससे कहे।"

"युवराज! मंत्रिवर को आदरसहित यहाँ लाओ, दूत सर्वथा अवध्य होते हैं।"

अंगद चले गए। कुछ देर बाद सारण ने साथियों सहित आकर हाथ जोड़ राम की वंदना की।

"राजपद युग्म की वंदना करता हूँ।" राम ने उन्हें उचित आसन देकर कहा, "राक्षस-मंत्रिवर, यह दरिद्र राम आपकी क्या सेवा कर सकता है ?"

"प्रभो, राक्षसकुल-निधि रावण आपसे यह भिक्षा माँगता है कि आप सात दिन तक वैरभाव त्यागकर सैन्यसहित विश्राम करें। राजा अपने पुत्र की यथाविधि क्रिया करना चाहता है। वीर विपक्षी वीर का सदा सत्कार किया करते हैं। हे बली, आपके बाहुबल से वीरयोनि स्वर्णलंका अब वीर-शून्या हो गई है। विधाता आपके अनुकूल है और राक्षसकुल विपत्तिग्रस्त है। इसलिए आप रावण का मनोरथ पूर्ण करें।"

"मंत्रिवर! आपका स्वामी मेरा परम शत्रु है। फिर भी मैं उसके दुःख से बड़ा दुःखी हूँ। विपद में शत्रु-मित्र मेरे लिए समान हैं। तुम लंका को लौट जाओ, मैं सैन्यसहित सात दिन तक अस्त्र ग्रहण नहीं करूँगा। राक्षसराज से कह देना कि जो अपने धर्म-कर्म में रत है, उसे धार्मिक जन कभी नहीं मारते।"

"युवराज! मंत्रिवर को आदरसहित यहाँ लाओ, दूत सर्वथा अवध्य होते हैं।" अंगद चले गए। कुछ देर बाद सारण ने साथियों सहित आकर हाथ जोड़ राम की वंदना की। "राजपद युग्म की वंदना करता हूँ।" राम ने उन्हें उचित आसन देकर कहा, "राक्षस-मंत्रिवर, यह दरिद्र राम आपकी क्या सेवा कर सकता है ?"

"रघुकुलमणि, आप धन्य हैं। आप जगत् में विद्या, बुद्धि और बाहुबल में अतुल हैं। महामति! आपको ऐसा ही उचित है। महाबली रावण जैसा राक्षसदलपति है, वैसे ही आप नरदलपति हैं। कुक्षण में आप दोनों वीरों में

शत्रुभाव उदय हुआ था। विधि का विधान अटल है।"

यह कह और राम का अभिवादन कर मंत्री लौट गए।

राम ने अपने नायकगणों से कहा, "वीरगण, अब आप भी वीरवेश त्याग सात दिन तक विश्राम कीजिए। मित्र विभीषण और किष्किंधापति मित्र सुग्रीव, आप इस सुयोग में समस्त सेना का निरीक्षण करके व्यूहबद्ध कर लीजिए। सात दिन बाद शोकदग्ध रावण प्राणों पर खेलकर काल की भाँति हम पर टूटेगा।"

राम ने अपने नायकगणों से कहा, "वीरगण, अब आप भी वीरवेश त्याग सात दिन तक विश्राम कीजिए। मित्र विभीषण और किष्किंधापति मित्र सुग्रीव, आप इस सुयोग में समस्त सेना का निरीक्षण करके व्यूहबद्ध कर लीजिए। सात दिन बाद शोकदग्ध रावण प्राणों पर खेलकर काल की भाँति हम पर टूटेगा।"

सुग्रीव बोले, "राघवराज, राक्षस रावण अब हततेज हो गया है। उसका अंत निकट है, तथापि आपकी आज्ञानुसार हम कटक को परिपूर्ण रीति से व्यवस्थित करते हैं।"

राम ने अंगद से कहा, "महाबली युवराज, तुम दस सौ योद्धाओं को लेकर मित्रभाव से राक्षसों के पास समुद्र तट पर जाओ। सावधानी से जाना। मन में शत्रु-मित्र का भाव न लाना। लक्ष्मण को देखकर कदाचित् राक्षसराज को रोष आ जाए, इससे युवराज, तुम्हीं जाओ। तुम्हारे प्रतापी पिता ने एक बार रावण को पराजित किया था, इसलिए तुम इस समय शिष्टाचार से उसे संतुष्ट करो।"

~ तेरह ~

अशोक वाटिका में सीता मलिनवेश एक शिला पर बैठी कुछ सोच रही थीं। कुछ देर बाद सरमा राक्षसी वहाँ आई। सीता ने उससे पूछा—

"सखि, पुरवासी आज दो दिन से हाहाकार क्यों कर रहे हैं? कल दिन भर रणनाद होता रहा। कहो बहन, कल कौन हारा, कौन जीता? आज अग्निशिखा

के समान बाण आकाश में नहीं दिख रहे। कल संध्या समय तो राक्षस सैन्य ने जयनाद के साथ लंका में प्रवेश किया, आनंद के बाजे बजे थे, आज सन्नाटा क्यों है? हाय, मैं किससे पूछूँ? चेरियाँ तो बतातीं ही नहीं।"

"देवी, तुम्हारे सौभाग्य से अजेय इंद्रजीत रण में मारा गया है। इसलिए सारी लंका रात भर विलाप करती रही। इतने दिन में राक्षसेंद्र का बल क्षय हुआ। तुम्हारे देवर ने यह देवसाध्य कार्य किया है।"

"सखी, इस शुभ संवाद के लिए तुझे क्या दूँ? हाय, इतने दिन मैं अब बंदिनी के कारागार का द्वार खुलेगा। परंतु यह हाहाकार की ध्वनि तो अभी भी आ रही है।"

"राक्षसेंद्र रावण ने राघवराज के साथ सात दिन तक युद्ध-विराम संधि की है। अब वह पुत्र की प्रेतक्रिया के लिए सिंधु तीर जा रहा है। हाय, दैत्यबाला सुलोचना साध्वी आज पतिपद गोद में रखकर भस्म होगी।"

"अरी, मैं अभागिनी जिस घर में प्रवेश करती हूँ, उसी का सुख-प्रदीप बुझ जाता है। पति और देवर वनवासी हैं, श्वसुर ने प्राण त्याग दिया, अनेक राक्षसों का मैं काल बनी। देखो, अब अतुलनीया सुंदरी सुलोचना भस्म होगी।"

"देवी, तुम्हारे सौभाग्य से अजेय इंद्रजीत रण में मारा गया है। इसलिए सारी लंका रात भर विलाप करती रही। इतने दिन में राक्षसेंद्र का बल क्षय हुआ। तुम्हारे देवर ने यह देवसाध्य कार्य किया है।"

"सखी, इस शुभ संवाद के लिए तुझे क्या दूँ? हाय, इतने दिन मैं अब बंदिनी के कारागार का द्वार खुलेगा। परंतु यह हाहाकार की ध्वनि तो अभी भी आ रही है।"

"देवी, इसमें तुम्हारा क्या दोष है? राक्षसराज अपने ही कुकर्म के फल से डूब रहा है। तुमने बड़े कष्ट सहे हैं। अब उनका अंत होनेवाला है। मैं जाती हूँ। सती को एक बार देख आऊँ।"

चौदह

लंका का पश्चिमी द्वार वज्रध्वनि से खुल गया। एक लाख राक्षस हाथ में स्वर्णदंड लिये बाहर आए। प्रत्येक के हाथ में रेशमी पताकाएँ थीं। वे राजपथ के दोनों ओर पंक्ति बाँधकर चल रहे थे। सबसे आगे हाथियों की पीठ पर दुंदुभी थी, जिसका गंभीर रव दिगंत में व्याप्त हो रहा था। पैदल सेना कतारों में चल रही थी। हाथी-घोड़े पीछे थे। करुण वाद्य बज रहे थे। असंख्य राक्षसवीर स्वर्णवर्म पहने, स्वर्णध्वज लिये, भारी-भारी तलवार कमर में लटकाए, नीचा सिर किए आगे बढ़ रहे थे। सुलोचना रणवेश में काले घोड़े पर सवार बाहर निकली। पीछे किंकरी चँवर डुला रही थी। उसके पीछे सहस्र दासियाँ पैदल चल रही थीं। दासियाँ कौड़ी-खीलें फेंक रही थीं। गायिकाएँ शोकपूर्ण करुण गीत गाती चल रही थीं। रावण घोर क्रंदन करता हुआ रथ में बैठकर बाहर आया। वह क्षण-क्षण में छाती पीटता और अचेत होता था। उसके पास मेघनाद का शव रखा हुआ था। साथ में धनु, तूणीर, फलक, खड्ग, शंख, गदा, वक्त्र-कवच आदि भी थे। गानेवाले शोकगीत गा रहे थे। राक्षस फूल और स्वर्णमुद्राएँ बिखेरते चल रहे थे। सवारी चिता के पास आकर रुक गई।

राक्षस वीर नंगी तलवारें लिये पंक्तिबद्ध खड़े हो गए। ब्राह्मणों ने वेदमंत्र पाठ करके शव को चिता पर रखा। सुलोचना ललाट में सिंदूर-बिंदु लगाकर, गले में पुष्पमाला पहनकर चिता पर बैठ गई। यह देख राक्षसपत्नियाँ हाहाकार करके रो उठीं। वे रोती हुई स्वर्णपात्र को भर-भरकर चंदन, अगर, कस्तूरी, घृत, केसर, पुष्प चिता पर बिखेरने लगीं?

राक्षस वीर नंगी तलवारें लिये पंक्तिबद्ध खड़े हो गए। ब्राह्मणों ने वेदमंत्र पाठ करके शव को चिता पर रखा। सुलोचना ललाट में सिंदूर-बिंदु लगाकर, गले में पुष्पमाला पहनकर चिता पर बैठ गई। यह देख राक्षसपत्नियाँ हाहाकार करके रो उठीं। वे रोती हुई स्वर्णपात्र को भर-भरकर चंदन, अगर, कस्तूरी, घृत,

केसर, पुष्प चिता पर बिखेरने लगीं? डफ, ढोल, मृदंग, करताल, झाँझ, शंख बज उठे।

रावण श्वेत वस्त्र धारण कर मंत्रियों सहित आगे आया। आकाश में इंद्र, कार्तिकेय, चित्ररथ, यम आदि दैव, गंधर्व, अप्सराएँ, किन्नर भी आए। उनके पीछे दिव्य बाजे बज रहे थे।

सुलोचना ने तीर्थोदक का सिंचन करके आभूषण उतारकर सखियों को दिए। उसने कहा, "अरी प्यारी सहचरियो, आज अचानक मेरी जीवन-लीला समाप्त होती है। तुम सब दैत्य देश में लौट जाना। अरी वासंती, पिता से सबकुछ कह देना और माता से कहना कि जो भाग्य में लिखा था, वह हो गया। उन्होंने जिनके हाथों में मुझे दिया था, उन्हीं के साथ जा रही हूँ।"

ब्राह्मणों ने वेदपाठ आरंभ किया। मंगलवाद्य बजने लगा और स्त्रियाँ गीत गाने लगीं। राक्षस तीक्ष्ण बाणों से पशुओं को मार-मारकर चिता के चारों ओर रखने लगे।

शोकाकुल रावण ने आगे बढ़कर कहा, "अरे मेघनाद! मैंने आशा की थी कि तुझे राज्य भार दे महायात्रा करूँगा, परंतु विधाता ने कुछ और ही सोच रखा था। स्वर्णसिंहासन की जगह पूर्वजन्म के फल से आज तुझे वधू-सहित इस आसन पर बैठा देख रहा हूँ। हाय, क्या मैंने इसलिए शिव की आराधना की थी? हा पुत्र! हा वीर श्रेष्ठ!"

यह कह वह सिर धुनकर रोने लगा। चिता में अग्नि दे दी गई। चिता जल उठी और आग्नेय रथ में स्वर्ण-आसन पर दिव्यमूर्ति इंद्रजीत सुलोचना सहित स्वर्ग को प्रस्थान करते दिख पड़े। देवगणों ने पुष्पवर्षा की। गगनभेदी जय-

शोकाकुल रावण ने आगे बढ़कर कहा, "अरे मेघनाद! मैंने आशा की थी कि तुझे राज्य भार दे महायात्रा करूँगा, परंतु विधाता ने कुछ और ही सोच रखा था। स्वर्णसिंहासन की जगह पूर्वजन्म के फल से आज तुझे वधू-सहित इस आसन पर बैठा देख रहा हूँ। हाय, क्या मैंने इसलिए शिव की आराधना की थी? हा पुत्र! हा वीर श्रेष्ठ!"

जयकार हुआ। अगले दिन सहस्र घड़ों की दुग्धधार से चिता बुझाकर भस्मी सागर में विसर्जित कर दी गई।

~ पंद्रह ~

राम-रावण-युद्ध फाल्गुन मास में आरंभ होकर चौरासी दिन तक चला, जो रावण-वध के दिन वैशाख कृष्ण अमावस को समाप्त हुआ। इस घोर संग्राम में रावण परिवार के प्रमुख परिजन कुंभकर्ण, वीरवाहन, मेघनाद क्रमशः युद्ध में मारे गए। कुंभकर्ण के शोक और परिजनों की यथाविधि अंत्येष्टि क्रिया के लिए सात दिन तक युद्ध नहीं हुआ। आठवें दिन स्वयं रावण ने राम के साथ निर्णायक युद्ध किया। अंत में इस अंतिम विकट युद्ध में राम द्वारा अमोघ कालबाण से रावण का भी वध हुआ और राम विजयी हुए। तेरह मास सीता लंका में रहीं। युद्ध में मृत योद्धाओं के सब विधि-विधान करा और लंका का राज्य विभीषण को देकर राम सीता सहित अयोध्या लौटे।

अयोध्या के राजमहलों में दुंदुभी बजने लगी। बहुत लोग राजमहल के प्रांगण में आ-आकर जमा होने लगे। ऋषि वसिष्ठ ने भरत और मंत्रियों सहित वहाँ पहुँचकर सबको संबोधित करके कहा—

"सुनो पुरवासियो, आज चौदह वर्ष बाद महाराज राम अयोध्या में आ रहे हैं। जाओ, अपने-अपने घरों को सजाओ, आनंद मनाओ। हम भरत के साथ उनकी

अयोध्या के राजमहलों में दुंदुभी बजने लगी। बहुत लोग राजमहल के प्रांगण में आ-आकर जमा होने लगे। ऋषि वसिष्ठ ने भरत और मंत्रियों सहित वहाँ पहुँचकर सबको संबोधित करके कहा—

"सुनो पुरवासियो, आज चौदह वर्ष बाद महाराज राम अयोध्या में आ रहे हैं। जाओ, अपने-अपने घरों को सजाओ, आनंद मनाओ। हम भरत के साथ उनकी अगवानी को जा रहे हैं। जो चाहे हमारे साथ चले।"

अगवानी को जा रहे हैं। जो चाहे हमारे साथ चले।"

सब जय-जयकार करके चलने को उद्यत हो गए। इसी समय भरत ने हनुमान को आते देखा। भरत ने वसिष्ठ से कहा, "गुरुदेव, हनुमान आ रहे हैं। प्रतीत होता है कि महाराज नगर के निकट आ पहुँचे। आइए, वानरराज का स्वागत करें।" हनुमान के पास आ भरत ने उनका सत्कार करके पूछा, "हनुमान स्वागत, स्वागत! अब शीघ्र वह प्रिय संदेश कहो, हमारे प्राण छटपटा रहे हैं। कहो, महाराज राम को कहाँ छोड़ा?"

हनुमान ने उत्तर दिया, "कुमार की जय हो। आप क्या पुष्पक विमान की आहट सुन नहीं रहे हैं? मेरी समझ में तो महाराज ने शांति वन को पार कर लिया। यह देखिए, वह विमान आ गया। महाराज, यही वरुण का प्रसिद्ध पुष्पक विमान है, जिसे श्रीराम ने रावण को मारकर पाया है।"

हनुमान ने उत्तर दिया, "कुमार की जय हो। आप क्या पुष्पक विमान की आहट सुन नहीं रहे हैं? मेरी समझ में तो महाराज ने शांति वन को पार कर लिया। यह देखिए, वह विमान आ गया। महाराज, यही वरुण का प्रसिद्ध पुष्पक विमान है, जिसे श्रीराम ने रावण को मारकर पाया है।"

पुष्पक विमान गूँज करता हुआ आ परचा। सब जय-जयकार करने लगे। वसिष्ठ बोले, "कुमार भरत, देखो राम पुष्पक से उतर रहे हैं। अरे ऋषिकुमारो, वेदमंत्र पढ़कर रामभद्र की अभ्यर्थना करो। ब्राह्मणो, आप लोग भी स्तुति कीजिए।"

राम पुष्पक से उतर आगे बढ़े और गुरु वसिष्ठ को देखकर उन्हें प्रणाम करते हुए कहा, "ऋषिवर, यह दास राम आपका अभिवादन करता है।"

"सुखी होओ रामभद्र, तुम्हारी जय हो।"

"सब माताओं का भी मैं अभिवादन करता हूँ।"

सब रानियों ने राम को आशीर्वाद देकर कहा, "चिरंजीव रहो भद्र, तुम्हारी जय हो।"

राम ने तब अन्य गुरुजनों को प्रणाम करके कहा, "सब गुरुजनों का भी मैं

अभिवादन करता हूँ।" सबने उन्हें आशीर्वाद दिया।

राम ने आगे बढ़ भरत से कहा, "वत्स भरत, आओ, छाती से लगो।"

भरत दौड़कर राम से लिपट गए और प्रणाम किया।

सीता ने उन्हें आशीर्वाद देते हुए कहा, "सुखी होओ वीर, तुम्हारी आयु बढ़े, यश बढ़े।"

लक्ष्मण ने भी सबका अभिवादन किया, "यह दास लक्ष्मण सब गुरुजनों और माताओं का अभिवादन करता है।"

सबने उन्हें आशीर्वाद देकर कहा, "जीते रहो वत्स, जीते रहो!"

भरत ने राम के पीछे खड़े वीरों को देखकर कहा, "मित्र सुग्रीव, अंगद, विभीषण, नील, हनुमान आओ। सब मेरी छाती से लगो। आपकी सहायता के बिना महाराज लंका के संकट को कैसे पार कर सकते थे?"

सबने उन्हें आशीर्वाद देकर कहा, "जीते रहो वत्स, जीते रहो!" भरत ने राम के पीछे खड़े वीरों को देखकर कहा, "मित्र सुग्रीव, अंगद, विभीषण, नील, हनुमान आओ। सब मेरी छाती से लगो। आपकी सहायता के बिना महाराज लंका के संकट को कैसे पार कर सकते थे?"

"कुमार, यह सब महाराज की कृपा है कि हमें यह यश मिला।"

भरत ने राम से कहा, "महाराज, आपका यह राज्य हमारे पास धरोहर था। उसे हमने आपकी इन चरण-पादुकाओं के प्रताप से अब तक सुरक्षित रखा। अब आप इसे सँभालिए।"

"यदि सब गुरुजन भी ऐसा ही चाहते हैं तो ऐसा ही हो!"

वसिष्ठ बोले, "सभी की यही इच्छा है भद्र।"

भरत ने शत्रुघ्न से कहा, "प्रिय शत्रुघ्न, समस्त तीर्थों का जल और अभिषेक की सामग्री ले आओ और पौर-वधुओं से कहो कि महाराज की आरती करें।"

नगर, पुर, हाट-बाट, मंदिर, चतुष्पथ, राजप्रासाद सभी स्थान शंख-ध्वनि के पवित्र नाद से गूँज उठे। राम का राज्याभिषेक संपन्न हुआ।

सोलह

अयोध्या के चतुष्पथ पर दो नागरिक बातें करने लगे। एक नागरिक ने दूसरे नागरिक का अभिवादन करते हुए कहा, "जय श्रीराम!"

दूसरे नागरिक ने अभिवादन कर उत्तर देते हुए पूछा, "अरे भाई, यह क्या बात है कि आज अयोध्या के राजमार्ग चतुष्पथ-वीथी सुनसान से लग रहे हैं? राक्षसराज रावण का सवंश निधनकर्ता हमारे महाराज श्रीराम के राज्यारोहण के उपलक्ष्य में तो निरंतर मंगलवाद्य बजते रहने चाहिए। फिर नगर के चतुष्पथ पर आज कीर्तिगायक चारण, वंदीगण चुप क्यों हैं?"

"तुमने सुना नहीं, महाराज रघुपति ने लंका के युद्ध में मित्रवत् साथ देनेवाले वानरपति महात्मा सुग्रीव और राक्षसराज विभीषण को तथा राज्यारोहण-समारोह में भेंट-भलाई लेकर आनेवाले ब्रह्मर्षियों और राजर्षियों को दान-मान से सत्कृत करके विदा कर दिया है? इतने दिनों तक, उन सबकी प्रतिष्ठा के उपलक्ष्य में संपन्न उत्सव आज इसलिए बंद है।"

"तुमने सुना नहीं, महाराज रघुपति ने लंका के युद्ध में मित्रवत् साथ देनेवाले वानरपति महात्मा सुग्रीव और राक्षसराज विभीषण को तथा राज्यारोहण-समारोह में भेंट-भलाई लेकर आनेवाले ब्रह्मर्षियों और राजर्षियों को दान-मान से सत्कृत करके विदा कर दिया है? इतने दिनों तक, उन सबकी प्रतिष्ठा के उपलक्ष्य में संपन्न उत्सव आज इसलिए बंद है।"

"तो वे सब गण्यमान्य राज-अतिथि विदा हो गए?"

"वही क्यों, सब राजमाताओं सहित भगवती अरुंधती और ऋषिवर वसिष्ठ भी राजधानी से चले गए।"

"कहाँ? कहाँ?"

"विभांडक ऋषि के पुत्र ऋष्यश्रृंग के आश्रम को। क्या तुम नहीं जानते

कि विभांडक मुनि के पुत्र ऋष्यशृंग राजजामातृ हैं? राजनंदिनी शांता उन्हीं को ब्याही हैं।"

"हाँ, हाँ, सो तो जानता हूँ। परंतु राजगुरु महर्षि वसिष्ठ और भगवती अरुंधती तथा सब राजमाताएँ इस मंगल अवसर पर राजधानी को छोड़कर महात्मा ऋष्यशृंग के आश्रम में क्यों गए हैं?"

"महातपस्वी ऋष्यशृंग द्वादशवर्षीय दीर्घ सत्र कर रहे हैं। दिग्दिगंत के वेदर्षि, देवर्षि, राजर्षि वहाँ आए हैं।"

"इसी से आज अयोध्या इस प्रकार सूनी-सूनी सी लग रही है?"

"हाँ भाई। बस, महाराज रघुकुलमणि राम और आर्य लक्ष्मण ही राजधानी में हैं।"

"हाँ भाई। बस, महाराज रघुकुलमणि राम और आर्य लक्ष्मण ही राजधानी में हैं।" "राजर्षि भरत और आर्य शत्रुघ्न कहाँ हैं?" "सुना नहीं तुमने? कुंभीनसी-पुत्र लवणासुर से युद्ध करने आर्य शत्रुघ्न मधुपुरी गए हैं और राजर्षि भरत तो राज-काजरत ही हैं।"

"राजर्षि भरत और आर्य शत्रुघ्न कहाँ हैं?"

"सुना नहीं तुमने? कुंभीनसी-पुत्र लवणासुर से युद्ध करने आर्य शत्रुघ्न मधुपुरी गए हैं और राजर्षि भरत तो राज-काजरत ही हैं।"

"ठीक है, ठीक है। तो क्या हमारे महाराज रघुकुलमणि राम दीर्घ सत्र में नहीं जाएँगे?"

"कौन जाने भाई! यह ऋषिवर वसिष्ठ के वटुक शांडिल्य इधर ही आ रहे हैं। इन्हीं से पूछना चाहिए।"

इसी समय एक युवा ब्रह्मचारी, सिर पर बड़ी सी चोटी, कंधे पर यज्ञोपवीत, हाथ में कुश और तीर्थोदक लिये वहाँ आ पहुँचा। यही युवक वसिष्ठ का शिष्य शांडिल्य था। नागरिकों ने उसका अभिवादन किया, "अभिवादन करते हैं ब्रह्मचारीजी।"

ब्रह्मचारी ने दर्भ से तीर्थोदक छिड़ककर आशीर्वाद दिया, "स्वस्ति-स्वस्ति।"

नागरिक ने पूछा, "ब्रह्मचारी, कहिए, हमारे प्रियदर्शी महाराज रघुकुलमणि राम इस समय कहाँ हैं?"

"अहा, भगवती सीता आज खिन्न हैं। क्योंकि उनके पिता राजर्षि विदेह जनक अपनी अयोनिजा प्रिय पुत्री के प्रेम से कोसल राजमहालय में रहकर आज विदेह राज्य चले गए हैं। इसी से महाराज रघुकुलमणि सब अतिथियों को विदा कर श्रांत-क्लांत अंत:तुर में विश्राम करने और भगवती सीता के चित्त को बहलाने के लिए हर्म्य में गए हैं।"

"अहा, भगवती सीता आज खिन्न हैं। क्योंकि उनके पिता राजर्षि विदेह जनक अपनी अयोनिजा प्रिय पुत्री के प्रेम से कोसल राजमहालय में रहकर आज विदेह राज्य चले गए हैं। इसी से महाराज रघुकुलमणि सब अतिथियों को विदा कर श्रांत-क्लांत अंत:तुर में विश्राम करने और भगवती सीता के चित्त को बहलाने के लिए हर्म्य में गए हैं।"

पहले नागरिक ने कहा, "राजमहिषी भगवती सीता अनलपूत हैं, फिर भी अज्ञानी जन उनके चरित्र में दोष बखानते हैं।"

दूसरा नागरिक बोला, "भगवती कुछ दिन राक्षससदन में रहीं न, इसी से?"

ब्रह्मचारी ने कहा, "शान्तं पापं; ऐसा मत कहो। कहीं महाराज के कान तक यह अपवाद पहुँच गया तो अनर्थ हो जाएगा। क्या तुम नहीं जानते कि शीघ्र ही अयोध्यावासी मंगल समारोह करेंगे?"

"ऐसा क्या शुभ समाचार है?"

ब्रह्मचारी ने कहा, "बड़ों के पुण्य-प्रताप और ऋषियों के आशीर्वाद से राजमहिषी की गोद भरनेवाली है।"

"अहा, तब तो आनंद-ही-आनंद है।"

"देवता और पितर कृपा करें।"

ब्रह्मचारी ने विदा लेते हुए कहा, "अच्छा, चलता हूँ, इस यज्ञपूत तीर्थोदक से भगवती राजमहिषी सीता का मार्जन कर आऊँ। स्वस्तिरस्तु।"

ब्रह्मचारी उन दोनों नागरिकों को 'स्वस्ति' कहकर चल दिया। दोनों नागरिक भी राजमहिषी की गोद भरने की प्रसन्नता में भर अपनी-अपनी राह लगे।

सत्रह

संध्या हो रही थी। राजमहल के पुष्पोद्यान में सीता और राम साथ बैठे, प्रकृति का आनंद ले रहे थे। सरयू का तीर बड़ा भला लग रहा था। सीता ने राम का हाथ पकड़कर कहा, "महाराज, आज मैं आपसे न बोलूँगी। दिन भर यह दासी आँखें बिछाए महाराज की बाट देखती रही और महाराज ने अब दर्शन दिए।"

राम ने प्रेम बिखेरकर उत्तर दिया, "देवी सीते, राजकाज के झंझट तो ऐसे ही हैं। पर तुम्हारे इस दास के प्राण तो सदा तुम्हीं में अटके रहते हैं।"

राम ने प्रेम बिखेरकर उत्तर दिया, "देवी सीते, राजकाज के झंझट तो ऐसे ही हैं। पर तुम्हारे इस दास के प्राण तो सदा तुम्हीं में अटके रहते हैं।"
"बातें बनाना तो आर्यपुत्र खूब जानते हैं। यह राज्यलक्ष्मी भी प्रेमियों की वैरी है।"
"इसी से तो राजा सब मनुष्यों से अधिक निरीह कहलाया है।"

"बातें बनाना तो आर्यपुत्र खूब जानते हैं। यह राज्यलक्ष्मी भी प्रेमियों की वैरी है।"

"इसी से तो राजा सब मनुष्यों से अधिक निरीह कहलाया है।"

"यह मैं नहीं जानती। मैं तो निरंतर आर्यपुत्र का सहवास-सान्निध्य चाहती हूँ। तनिक भी दर्शनों में देर होती है तो बीती हुई विरह-व्यथा पीड़ित करने लगती है। आपके शुभदर्शन, शुभहास्य और दिव्यदृष्टि से मुझे जो सुख और तृप्ति मिलती है, वह अकथ्य है। नेत्रों के आगे से सबकुछ लुप्त हो जाता है, आप ही की भव्यमूर्ति रह जाती है।"

"तो प्रिये, मैं तो तुम्हारा ही हूँ। तुम मेरे हृदय की रानी हो। सोते-जागते मिलन में, विरह में तुम्हीं से सदा मेरा हृदय पूर्ण रहता है।"

"जानती हूँ आर्यपुत्र, इसी से तो कभी-कभी मैं घबरा जाती हूँ। कहीं विधाता को हमारा यह सुख-साहचर्य असह्य न हो जाए।"

"अहा, ऐसा क्यों सोचती हो वरिष्ठे। देखो, सरयू के सलिल में स्नातपूत होकर शीतल-मंद-सुगंध बयार हमें कैसा प्रिय संदेश दे रही है! चंद्रमा के अमृत को पान कर चकोर कैसा मत्त हो रहा है! यह पत्तों की कोमल मर्मर-ध्वनि, पुष्प-पराग की महक हमारी इस मिलन-यामिनी पर मुग्ध है। देखो तो यह वसुधा आज कैसी मधुमयी दिख रही है।"

"वे दिन भी आज याद आते हैं आर्यपुत्र, जब रात इसी भाँति चंद्र-ज्योत्स्ना से उज्ज्वल हो जाती थी और गोदावरी तट पर की उस पर्णकुटी में मैं आपके सुखद अंक में सो जाती थी!"

"तो प्रिये, तुम्हें क्या आज इस राजमहालय की अपेक्षा वह पर्णकुटी अधिक प्रिय प्रतीत हो रही है!"

"मुझे तो केवल आपका सान्निध्य-सुख प्रिय है। राजमहालय हो या पर्णकुटी। जहाँ आपके पावन चरण हैं, स्निग्धदृष्टि है, स्नेहसिक्त वक्ष है, वही स्थान मुझे प्रिय है। मैं तो इन फूलों में आप ही को देखती हूँ, पत्तों की मर्मर ध्वनि में आप ही का कंठस्वर सुनती हूँ, चंद्रमा की चाँदनी में आप ही की छविमाधुरी देखती हूँ।"

"अहा, ऐसा क्यों सोचती हो वरिष्ठे। देखो, सरयू के सलिल में स्नातपूत होकर शीतल-मंद-सुगंध बयार हमें कैसा प्रिय संदेश दे रही है! चंद्रमा के अमृत को पान कर चकोर कैसा मत्त हो रहा है! यह पत्तों की कोमल मर्मर-ध्वनि, पुष्प-पराग की महक हमारी इस मिलन-यामिनी पर मुग्ध है। देखो तो यह वसुधा आज कैसी मधुमयी दिख रही है।"

"प्रिय, मैं भी अखिल विश्व को सीतामय देखता हूँ।"

"जब मैं लंका में थी, तब एक पल एक युग के समान कटता था। उस समय भी चंद्रमा इसी तरह आकाश में उदय होता था, तब ऐसा प्रतीत होता था, मानो विश्व में आग लग गई है। मलय वायु के स्पर्श से मैं सिहर उठती थी। हृदय में दिन-रात दाह होता था। रात जैसे बीतने ही न पाती थी और प्रत्येक सूर्योदय एक नई निराशा मन में जाग्रत् करता था। कोकिल जैसे मेरा उपहास करती थी।"

"अहा, प्रिये सीते, यही दशा तो मेरी थी! मलयानिल मेरे शरीर में बर्छिया मारता था। मैं वृक्षों से, पर्वतों से, नदियों से, पक्षियों और हिंस्र जंतुओं से भी

तुम्हारा पता पूछता हुआ एक वन से दूसरे वन में, दूसरे वन से तीसरे वन में भटकता फिरता था। हाय, वे दुर्दिन भी कैसे असह्य थे!"

"मैं तो अब भी उन दिनों को याद करके भय से काँप उठती हूँ!"

"अब भय क्या है प्रिये, अब तो तुम मेरे निकट हो। बीती बातों को अब भूल जाओ।"

"चाहकर भी नहीं भूल पाती हूँ। न जाने क्यों, मेरा मन उन्हीं दुर्दिनों की ओर दौड़ जाता है। आर्यपुत्र घड़ी भर के लिए भी मेरी आँखों से ओट होते हैं तो मैं व्याकुल हो जाती हूँ।"

"भीरु, यह शंका अपने मन से दूर करो। अरे, रोने लगीं। तुम्हारी आँखें डबडबा आईं। लाओ, मैं तुम्हारे आँसू पोंछ दूँ।" "सब माताएँ और गुरुजन भी तो राजधानी से चले गए! आज पिता ने भी मुझसे मुँह मोड़ लिया। अब तो केवल आप ही मेरे प्राणाधार रह गए। न जाने कैसा सूना-सूना लग रहा है।"

"भीरु, यह शंका अपने मन से दूर करो। अरे, रोने लगीं। तुम्हारी आँखें डबडबा आईं। लाओ, मैं तुम्हारे आँसू पोंछ दूँ।"

"सब माताएँ और गुरुजन भी तो राजधानी से चले गए! आज पिता ने भी मुझसे मुँह मोड़ लिया। अब तो केवल आप ही मेरे प्राणाधार रह गए। न जाने कैसा सूना-सूना लग रहा है।"

"धीरज धरो जनकनंदिनी, गुरुजन हमें छोड़ थोड़े ही सकते हैं। पर कर्तव्यवश तो सब कार्य करने ही पड़ते हैं।"

"आर्यपुत्र, मैं जानती हूँ। पर प्रिय बंधुओं का बिछोह मुझसे सहा नहीं जाता।"

"प्रिये, यही हृदय के मर्म को छेदनेवाले संसार के झंझट हैं, जिनसे घबराकर लोग वन की शरण लेते हैं।"

"अच्छा कहिए, शुभ समाचार सुनाने पर आप किसी को क्या देते हैं?"

"दान और भेंट तो पात्र को देखकर ही दिया जाता है। तुम्हारा शुभ समाचार कैसा है प्रिये?"

"बहुत ही शुभ है।"

"तो उसके लिए यह प्राण और शरीर भी दिया जा सकता है।"

"इसे तो महाराज कई बार इस दासी को दे चुके हैं। अब और कितनी बार देंगे?"

"प्रिये, भिखारी राम के पास और क्या है?"

"वाह महाराज, आप अयोध्या के इतने बड़े प्रतापी महाराज होकर भी अभी भिखारी बने हैं!"

"देवी, राजा का अपना कुछ भी नहीं होता। जो कुछ है, वह प्रजा का है। इसलिए राजा दुनिया का सबसे बड़ा भिखारी ही होता है।"

"महाराज, मुझे राजनीति की इन बातों से कुछ मतलब नहीं। मैं आपको शुभ-समाचार सुनाऊँगी, आप मुझे उसका पुरस्कार दीजिए।"

"देवी, राजा का अपना कुछ भी नहीं होता। जो कुछ है, वह प्रजा का है। इसलिए राजा दुनिया का सबसे बड़ा भिखारी ही होता है।" "महाराज, मुझे राजनीति की इन बातों से कुछ मतलब नहीं। मैं आपको शुभ-समाचार सुनाऊँगी, आप मुझे उसका पुरस्कार दीजिए।"

"क्या पुरस्कार प्रिये?"

"मुँहमाँगा पुरस्कार।"

"अच्छी बात है। कहो, वह शुभ-समाचार क्या है?"

"कैसे कहूँ?"

"अरे लजाने लगीं? क्या बात है प्रिये?"

"महाराज!"

"कहो, कहो। अरे, तुम्हारा मुँह लाल हो गया! कहीं हमारी गोद तो भरनेवाली नहीं है?"

"बड़ों के पुण्य-प्रताप और ऋषियों के आशीर्वाद से ऐसा ही है।"

"सच?"

"हाँ, आर्यपुत्र!"

"प्यारी, तो हमारी जन्म भर की आस अब पूरी हुई है?"

"हाँ, आर्यपुत्र!"

"अहा, वह दिन कब आएगा, जब मैं अपने पुत्र को हाथों खिलाऊँगा!"

"बहुत जल्द आर्यपुत्र!"

"सीते, कहो आज तुम्हें क्या दूँ?"

"महाराज, आपका प्यार संसार की सबसे बड़ी वस्तु है, वह मुझे पहले ही मिला हुआ है। अब मुझे और क्या चाहिए?"

"धन्य प्रिये, इसी से लोग तुम्हें प्रियंवदा कहते हैं।"

सेवक ने आकर सूचना दी कि मुनिवर ऋष्यशृंग के आश्रम से अष्टावक्र मुनि आए हैं। राम ने उन्हें विधिवत् अर्घ्यपाद्य से संस्कृत करके लाने की आज्ञा दी।

सेवक ने आकर सूचना दी कि मुनिवर ऋष्यशृंग के आश्रम से अष्टावक्र मुनि आए हैं। राम ने उन्हें विधिवत् अर्घ्यपाद्य से संस्कृत करके लाने की आज्ञा दी।
अष्टावक्र के आने पर राम ने उन्हें प्रणाम करके कहा, "मैं राम आपका अभिवादन करता हूँ।"

अष्टावक्र के आने पर राम ने उन्हें प्रणाम करके कहा, "मैं राम आपका अभिवादन करता हूँ।"

सीता ने भी प्रणाम किया, "मैं जनकसुता सीता आपका अभिवादन करती हूँ।"

अष्टावक्र ने आशीर्वाद दिया, "जय हो महाराज रघुकुलमणि! कल्याण हो भगवती महिषी जनकनंदिनी!"

राम बोले, "यह आसन है, विराजिए!"

उनके आसन पर बैठने पर ही सीता ने पूछा, "कहिए, ऋषिवर, हमारी सास और ननद शांता प्रसन्न तो हैं?"

राम ने भी पूछा, "सोमपान करनेवाले हमारे बहनोई ऋष्यशृंग और आर्या शांता विघ्नरहित तो हैं?"

अष्टावक्र ने उत्तर दिया, "हाँ, सब भाँति कुशल-मंगल है।"

सीता ने पूछा, "हमें कभी याद भी करते हैं?"

"देवि, भगवान् वसिष्ठ ने कहा है कि आप अयोनिजा भूमिसुता हैं, जो

जगत् का भार धारण करती हैं। आपके पिता विदेह जनक राजर्षि हैं और प्रतापी सूर्यकुल की आप बहू हैं, जिसके हम कुलगुरु हैं। इस प्रकार आप सब भाँति भाग्यशालिनी हैं। अब आप वीरमाता बनें, यही हमारा आशीर्वाद है।"

"भगवान् वसिष्ठ के हम अनुगृहीत हुए।"

राम ने कहा, "साधुजनों के वचन सार्थक होते हैं। उनसे धर्म, अर्थ, काम और मोक्ष की सिद्धि होती है।"

"भगवती अरुंधती और शांता देवी ने बारंबार यह संदेश कहला भेजा है कि गर्भावस्था में भगवती सीता की जो कुछ साध हो, वह बिना विलंब तुरंत पूरी करना।"

राम ने उत्तर दिया, "ऐसा ही होगा।"

अष्टावक्र ने कहा, "भगवती सीता के ननदोई मुनिवर ऋष्यशृंग ने देवी के पास यह संदेश भेजा है कि देवी के पूरे महीने चल रहे हैं, इसलिए यहाँ आने का कष्ट आपको नहीं दिया गया और रामभद्र को भी आपके चित्तविनोदार्थ छोड़ दिया गया है। सो जब आपकी गोद पुत्र से सुशोभित होगी, तब हम ही आकर भेंट करेंगे।"

अष्टावक्र ने कहा, "भगवती सीता के ननदोई मुनिवर ऋष्यशृंग ने देवी के पास यह संदेश भेजा है कि देवी के पूरे महीने चल रहे हैं, इसलिए यहाँ आने का कष्ट आपको नहीं दिया गया और रामभद्र को भी आपके चित्तविनोदार्थ छोड़ दिया गया है। सो जब आपकी गोद पुत्र से सुशोभित होगी, तब हम ही आकर भेंट करेंगे।"

राम ने हर्ष और लाज से कहा, "कृपा है। भगवान् वसिष्ठ की और क्या आज्ञा है?"

"महर्षि ने कहा है कि हम तो यहाँ यज्ञ में फँसे हैं। आप वहाँ शिशु राजकुमार को प्राप्त करके संतानवत् प्रजा का पालन करिए, जिससे संसार में यशवृद्धि हो।"

"जैसी भगवान् वारुणि की आज्ञा। उनसे कहना कि जनमन के अनुरंजन के लिए मैं राज्य और प्राणाधिक जानकी को भी त्यागने में आगा-पीछा न करूँगा।"

"इसलिए तो आर्यपुत्र रघुवंशमणि कहाते हैं।"

राम ने निवेदन किया, "ऋषिवर, अब आप विश्राम कीजिए।"

उन्होंने सेवक को आज्ञा दी कि मुनि को ले जाकर विधिवत् अर्चना से सत्कृत कर विश्राम कराए।

मुनिवर 'स्वस्ति' कहकर उठ खड़े हुए। उनके जाने पर राम सीता से बोले, "प्रिये, अब हमारी आँखें अपने पुत्र को देखकर तृप्त होंगी।"

सीता ने सहास्य उत्तर दिया, "हाँ, आर्यपुत्र!"

इसी समय लक्ष्मण हाथ में कुछ चित्र लेकर वहाँ आए।

सीता ने पूछा, "देवरजी, यह क्या लाए हो?"

लक्ष्मण ने पास आकर कहा, "देखिए भाभी, कैसे अच्छे चित्र बने हैं। इनमें हमारे संपूर्ण जीवन की कथा आ गई।"

राम ने कहा, "वत्स लक्ष्मण, देवी के मन को रिझाने के तुम्हें खूब ढंग आते हैं। देखें, कैसे चित्र हैं? अरे, यह तो जनकपुरी की छवि है।"

लक्ष्मण ने पास आकर कहा, "देखिए भाभी, कैसे अच्छे चित्र बने हैं। इनमें हमारे संपूर्ण जीवन की कथा आ गई।"
राम ने कहा, "वत्स लक्ष्मण, देवी के मन को रिझाने के तुम्हें खूब ढंग आते हैं। देखें, कैसे चित्र हैं? अरे, यह तो जनकपुरी की छवि है।"

सीता ने उन्हें प्रशंसित दृष्टि से देखते हुए कहा, "आह, आप नए फूले हुए कमल के समान चुपचाप महात्मा विश्वामित्र के पास खड़े हैं और देवरजी भी कैसे सलोने बने हैं। देखिए, पिताजी अचरज में भरकर आपका रूप निहार रहे हैं।"

लक्ष्मण ने इंगित करके कहा, "देखिए भाभी, यह आपके पिता गुरु वसिष्ठ की पूजा कर रहे हैं, विवाह का मंडप सजा है। राजा-रानी, ऋषि- मुनि, देव-गंधर्वों की भीड़ लगी है। यह आप हैं, यह भाभी मांडवी हैं, यह बहू श्रुतिकीर्ति है।"

सीता ने विनोद से पूछा, "देवरजी, यह चौथी कौन है?"

"उसे जाने दीजिए। यह देखिए, परशुरामजी हैं!"

"मैं डर गई।"

राम दूसरी तसवीर देखकर बोले, "अरे, यह तो अयोध्या की उस समय की छवि है, जब हम विवाह करके लौटे थे। कैसी आनंद-बधाइयाँ बज रही हैं।"

राम की आँखें गीली हो गईं। यह देख सीता ने कहा, "आह, महाराज की आँखों में आँसू क्यों आ गए?"

"देवी, पिता की छवि देख उनके चरणों की याद आ गई। हाय, वे चरण अब कहाँ?"

लक्ष्मण ने विषय बदलकर कहा, "यह मंथरा और मँझली माता हैं!"

राम दूसरा चित्र देखकर बोले, "आह, इस चित्र में गंगा की धारा कैसे बह रही है, ऋषियों के आश्रम कैसे भले मालूम देते हैं!"

लक्ष्मण ने कहा, "धन्य महाराज, आपने मँझली माँ का चित्र तो देखा भी अनदेखा कर दिया।"

"देवी, पिता की छवि देख उनके चरणों की याद आ गई। हाय, वे चरण अब कहाँ?"
लक्ष्मण ने विषय बदलकर कहा, "यह मंथरा और मँझली माता हैं!"
राम दूसरा चित्र देखकर बोले, "आह, इस चित्र में गंगा की धारा कैसे बह रही है, ऋषियों के आश्रम कैसे भले मालूम देते हैं!"

"उसे जाने दो भाई। यह देखो, चित्रकूट की राह में यही वह बड़ का पेड़ है, जिसे भरद्वाज मुनि ने पाला-पोसा था। देखो, यमुना के जल में इसकी परछाईं कैसी काँपती हुई सी दिख रही है।"

सीता ने पूछा, "क्या आर्यपुत्र को अभी तक इसकी स्मृति बनी है?"

"भला, इसे मैं भूल सकता हूँ क्या? इसी के नीचे बैठकर तो मैंने तुम्हारे पैरों से काँटा निकाला था और तुमने भी अपने आँचल से मेरे मुँह का पसीना पोंछा था। अरे देवी, तुम रोने क्यों लगीं?"

"महाराज, उस दुःख में भी कैसा सुख था? राज्य का यह बोझ तो जैसे हमें दबा डालता है। महाराज, मेरे मन में एक साध पैदा हुई है।"

"कैसी साध देवी?"

"मैं चाहती हूँ कि एक बार फिर वन में विहार करूँ और जंगल में नदी के जल में किलोलें करूँ। अहा, वे दिन भी कैसे प्यारे थे, जब चाँदनी रात में गोदावरी के किनारे हमारी कुटिया थी। फूल हमें देखकर हँसते थे, हवा हमसे अठखेलियाँ करती थी, तारे हम पर झाँक-झाँककर मुसकराते थे, चंपा और चमेली की कलियों से भरी डालें झूम-झूमकर हमें पास बुलाती थीं।"

"सीते, राजमहल के ये महाभोग पाकर भी आज तुम्हें उनकी याद आ रही है?"

"महाराज; यह राजमहल, गहने, हीरे, मोती, दास, दासी जैसे हमारे ऊपर बोझ हैं। तब हम और आप बिल्कुल पास-पास थे।"

"और अब।"

"अब राजनीति हमारे-आपके बीच आ गई है। महाराज, मुझे ऐसा प्रतीत होता है कि हम लोग पल-पल में दूर हो रहे हैं। वहाँ हम एक थे, यहाँ आते ही दो हो गए। आप हो गए राजा, मैं हो गई रानी। राजकाज आपको न जाने कहाँ-कहाँ खींच ले जाता है और इस अवरोध के भीतर मैं हीरे-मोतियों की शृंखला से बँधी पड़ी रहती हूँ।"

"अब राजनीति हमारे-आपके बीच आ गई है। महाराज, मुझे ऐसा प्रतीत होता है कि हम लोग पल-पल में दूर हो रहे हैं। वहाँ हम एक थे, यहाँ आते ही दो हो गए। आप हो गए राजा, मैं हो गई रानी। राजकाज आपको न जाने कहाँ-कहाँ खींच ले जाता है और इस अवरोध के भीतर मैं हीरे-मोतियों की शृंखला से बँधी पड़ी रहती हूँ।"

"प्रिय, ऐसा क्यों सोचती हो?"

"आर्यपुत्र, एक पल को भी आपसे दूर रहने पर मेरा दिल धड़कने लगता है।"

"सीते, मैंने बड़े कष्ट से तुम्हें पाया है। अब मैं तुम्हें सदा अपने हृदय में रखूँगा।"

"तो चलिए आर्यपुत्र, एक बार फिर वन का आनंद उठाया जाए, ऋषियों का दर्शन करके उनका आशीर्वाद लिया जाए!"

यह सुन राम हँस दिए, फिर बोले, "ऐसी इच्छा है तो लक्ष्मण कल ले जाकर तुम्हारा वन-विहार करा लाएँगे, प्रिये!"

"और आप?"

"तुम तो कह ही चुकी हो कि राजा को विश्राम कहाँ? भाई लक्ष्मण, कल भोर होते ही रथ जोतकर देवी को गंगातीर के ऋषियों का दर्शन करा लाओ।"

लक्ष्मण ने उत्तर दिया, "जो आज्ञा महाराज!"

"महाराज, मैं ऋषियों के पुनीत आश्रमों में राजसी आडंबर से नहीं जाऊँगी। सेना-परिच्छद की कुछ आवश्यकता नहीं है, अकेले देवरजी ही ठीक हैं।"

लक्ष्मण ने उत्तर दिया, "जो आज्ञा महाराज!" "महाराज, मैं ऋषियों के पुनीत आश्रमों में राजसी आडंबर से नहीं जाऊँगी। सेना-परिच्छद की कुछ आवश्यकता नहीं है, अकेले देवरजी ही ठीक हैं।"

"यही युक्तियुक्त भी है। ऐसा ही होगा। अच्छा प्रिये, अब तुम शयनकक्ष में जाकर विश्राम करो। मैं थोड़ा राजकाज निबटा आऊँ। और लक्ष्मण, तुम देवी की रुचि के अनुकूल ही व्यवस्था करना। जाओ, रथ तैयार करने की आज्ञा दे आओ।"

अठारह

सीता के पास से लौटकर राम अपने कक्ष में आ बैठे। इस समय उनके मन में सीता रमी हुई थीं। वे सोच रहे थे कि सीता प्राणों से प्रिय है, यह प्रियभाव उसने अपने गुणों से और बढ़ा लिये हैं। भाग्य ही से ऐसी पत्नी मिली है और भाग्य ही से कोसलराज को ऐसी महिषी। अब उसके गर्भ से कोसलराजवंश का वंशधर अधिकारी का जन्म होगा, जिससे मेरा और मेरे पूर्वजों का यश बढ़ेगा।

उनकी इस प्रिय विचारधारा में बाधा पड़ी। एक प्रतिहारी ने आकर उन्हें अभिवादन किया और चर दुर्मुख के आने की सूचना दी।

राम ने कहा, "वह राजकाज में नियुक्त है, उसे यहीं भेज दो।"

"जो आज्ञा महाराज!" कह प्रतिहारी चला गया।

कुछ क्षण बाद दुर्मुख ने आकर अभिवादन किया, "महाराज की जय हो!"

"कहो भाई, नगर के क्या समाचार हैं?"

"सब नगर-निवासी सुखी हैं, वे महाराज की जय-जयकार मनाते हैं।"

"वे क्या कहते हैं, विस्तार से कहो।"

"कहते हैं, महाराज ने अपने गुणों से स्वर्गवासी महाराज दशरथ को भुलवा दिया।"

"यह तो प्रशंसा हुई, कुछ हमारी बुराइयाँ भी बताओ।"
"महाराज!"
"कहो, निर्भय होकर कहो।"
"कैसे कहूँ महाराज!"
"कहो भाई, तुम्हारी राजसेवा यही है कि जो कुछ प्रजा में सुनो, सच-सच अपने राजा से कहो।" यह सुन दुर्मुख सिर नीचा करके रोने लगा।
राम बोले, "अरे, तुम रोते हो, ऐसा क्या समाचार है?"

"यह तो प्रशंसा हुई, कुछ हमारी बुराइयाँ भी बताओ।"

"महाराज!"

"कहो, निर्भय होकर कहो।"

"कैसे कहूँ महाराज!"

"कहो भाई, तुम्हारी राजसेवा यही है कि जो कुछ प्रजा में सुनो, सच-सच अपने राजा से कहो।" यह सुन दुर्मुख सिर नीचा करके रोने लगा।

राम बोले, "अरे, तुम रोते हो, ऐसा क्या समाचार है?"

"महाराज, मुझे बंदी बना लीजिए। मैं चर का काम नहीं कर सकता।"

"कहो, सबकुछ निर्भय होकर कहो।"

"नगर का धोबी है न?"

"धोबी, उसे क्या दुःख है?"

"उसकी स्त्री बिना उससे कहे पीहर चली गई थी।"

"उसे पति की आज्ञा लेनी चाहिए थी।"

"महाराज, जब वह लौटकर दूसरे दिन आई तो धोबी ने उसे बहुत पीटा।"

"बड़ा बुरा किया। स्त्री को पीटना…"

“और कहा?”

“क्या कहा?”

“महाराज, कैसे कहूँ?”

“कहो, क्या कहा?”

“कहा, क्या मुझे भी राम समझ लिया है कि जिसने राक्षस के घर में रही स्त्री को घर में रख लिया?”

“आह, यह कहा!”

“महाराज, दास का अपराध क्षमा हो।”

“तुम्हारा दोष नहीं है। अच्छा, तुम जाओ।”

चर दुर्मुख के चले जाने पर राम गहरे विषाद में डूब गए। उन्होंने मन-ही-मन कहा, ‘अरे हृदय, तू फट जा! साध्वी सीता अब जन-जन की आलोचना की वस्तु हो गई! अरे, अयोध्यावासियो, मैंने तो सदा तुम्हारी मनचाही की, कभी धर्म न छोड़ा। अब तुम साध्वी सीता को मुझसे अलग किया चाहते हो? मेरी पसलियाँ तोड़ लो, मेरी नस-नस खींच लो, पर मेरी सती सीता को, महाभागी जनकदुलारी को, अयोध्या की राजलक्ष्मी को मुझसे दूर न करो। अरे, तुम सीता को मुझसे अधिक कहाँ जानते हो? अथवा मुझे ही नीच समझते हो? नहीं, मैंने सदा अपनी बलि दी और अब सबसे बड़ी बलि दूँगा। प्रजा के लिए गर्भवती सीता को त्याग दूँगा। हाय, वह राजप्रासाद में मेरी प्रतीक्षा कर रही होगी। प्रातःकाल वह उमंग में भरी गंगातीर जाएगी, पर फिर वहाँ से लौटकर न आएगी। सीते, अरी जनक की दुलारी, तेरा भाग्य कैसा है? पापी राम की स्त्री बनने का फल पा। हाय रे राजधर्म, अरे हृदय, पत्थर का बन! मैं प्रजा का अपवाद

अरे हृदय, तू फट जा! साध्वी सीता अब जन-जन की आलोचना की वस्तु हो गई! अरे, अयोध्यावासियो, मैंने तो सदा तुम्हारी मनचाही की, कभी धर्म न छोड़ा। अब तुम साध्वी सीता को मुझसे अलग किया चाहते हो? मेरी पसलियाँ तोड़ लो, मेरी नस-नस खींच लो, पर मेरी सती सीता को, महाभागी जनकदुलारी को, अयोध्या की राजलक्ष्मी को मुझसे दूर न करो।

नहीं सुन सकता। अच्छा, मैंने अपनी प्राणाधिक निरपराध सीता को त्यागा, जिसे ढूँढ़ते हुए लंका तक गया, समुद्र का पुल बाँधा और जिसके लिए रावण को मारा। राजा! राजा! यह राजपद सोने की बेड़ी है। यह सिंहासन विष का भरा प्याला है। राजा एक ऊँचे पहाड़ की चट्टान है, जिसकी ऊँचाई से लोग डाह करते हैं, जो गरमी में अकेला तपता है और जाड़ों में बर्फ में ठिठुरता है। अब समझा, राजा बनने के लिए मनुष्य की आत्मा नहीं, राक्षस की आत्मा चाहिए।'

उन्होंने द्वारपाल को पुकारकर लक्ष्मण को बुला भेजा।

लक्ष्मण ने कहा, "अरे, किसने महाराज को दु:खित किया? सेवक के रहते कौन महाराज को दु:खी कर गया? देव, गंधर्व, राक्षस और मनुष्य, जो अपराधी होगा, उसे मैं जीता नहीं छोड़ूँगा। अरे, महाराज मूर्च्छित हो गए! दौड़ो¨!" परंतु राम शीघ्र ही होश में आ गए। बोले, "नहीं भैया, मैं अच्छा हूँ। लक्ष्मण, अधीर मत होना।"

लक्ष्मण उनके समक्ष आ खड़े हुए। आहट पाकर राम ने आँख उठाकर उन्हें देखा और फूट-फूटकर रोने लगे।

लक्ष्मण ने कहा, "अरे, किसने महाराज को दु:खित किया? सेवक के रहते कौन महाराज को दु:खी कर गया? देव, गंधर्व, राक्षस और मनुष्य, जो अपराधी होगा, उसे मैं जीता नहीं छोड़ूँगा। अरे, महाराज मूर्च्छित हो गए! दौड़ो¨!"

परंतु राम शीघ्र ही होश में आ गए। बोले, "नहीं भैया, मैं अच्छा हूँ। लक्ष्मण, अधीर मत होना।"

"महाराज, क्या कह रहे हैं?"

"हाँ, ठीक है। तनिक सहारा देकर बैठा दो भाई। तुम क्या कहते हो लक्ष्मण, राजा न किसी का भाई, न पति—क्यों?"

"क्यों महाराज?"

"वत्स लक्ष्मण, तुम मुझे सदा महाराज ही कहते हो। भैया नहीं कहते।"

"आप महाराज तो हैं ही।"

"अच्छी बात है। तो लक्ष्मण, एक राजाज्ञा है।"

"कौन सी आज्ञा?"

"बिना विलंब पालन करना होगा।"

"जो आज्ञा महाराज!"

"सुनो!"

"कहिए!"

"कल सूरज निकलने से पहले देवी सीता को…"

"वन ले जाना होगा।"

"हाँ, गंगा के उस पार ऋषि वाल्मीकि के आश्रम में…"

"यह आज्ञा तो सुन चुका हूँ, महाराज!"

"वह राजाज्ञा नहीं थी लक्ष्मण, वह तो पत्नी की विनोद-इच्छा पति ने पूरी की थी।"

"और यह?"

"सुनो!"

"कहिए!"

"गंगा के उस पार…"

"भगवान् वाल्मीकि के आश्रम में…"

"नहीं, नहीं। आश्रम के पास देवी सीता को छोड़ आओ।"

"छोड़ आऊँ?"

"हाँ!"

"क्यों महाराज?"

"यह राजाज्ञा है।"

"महाराज!"

"अब कुछ मत पूछो लक्ष्मण।"

"क्या महाराज ने देवी सीता को त्याग दिया?"

"वह राजाज्ञा नहीं थी लक्ष्मण, वह तो पत्नी की विनोद-इच्छा पति ने पूरी की थी।"
"और यह?"
"सुनो!"
"कहिए!"
"गंगा के उस पार…"
"भगवान् वाल्मीकि के आश्रम में…"
"नहीं, नहीं। आश्रम के पास देवी सीता को छोड़ आओ।"
"छोड़ आऊँ?"

"हाँ!"

"उनका अपराध?"

"यह न पूछो।"

"महाराज, आप गर्भवती महारानी को त्याग रहे हैं?"

"मैं आज्ञा दे चुका, लक्ष्मण!"

"दुहाई महाराज की, मैं विद्रोह करूँगा।"

"राजाज्ञा हो चुकी, तुम्हें इसका पालन करना होगा।"

"महाराज, मुझे मार डालिए।"

"लक्ष्मण, राजाज्ञा का पालन करो।"

"महाराज!"

"जाओ वत्स, सूरज निकलने से पहले। समझ गए न।"

लक्ष्मण ने छाती में घूसा मारकर चीखकर कहा, "सूरज निकलने से पहले मैं मर जाऊँ तो अच्छा।" लक्ष्मण के आँसुओं का वेग उमड़ पड़ा और वे आँखें पोंछते हुए वहाँ से चले गए।

□

अगले दिन प्रात: उषा का उदय होने लगा। राम अपनी शैया पर अधोमुख लेटे हुए थे। सीता उनकी बाँह पर सिर रखकर सो रही थीं। सीता के उज्ज्वल मुख को निहारकर राम सोचने लगे, 'जिस देवी को अग्नि ने शुद्ध किया और जिसके गर्भ में पवित्र रघुकुल का उत्तराधिकारी है, उसे मैं एक नगण्य प्रजाजन के अपवाद से त्याग रहा हूँ। हाय, परमंदिरवास का दूषण मैथिली के भाल से टल नहीं सका! अग्निपरीक्षा होने पर भी प्रवाद नहीं गया। अब मैं भाग्यहीन क्या करूँ अथवा अपना यह अभिशप्त जीवन त्याग

जिस देवी को अग्नि ने शुद्ध किया और जिसके गर्भ में पवित्र रघुकुल का उत्तराधिकारी है, उसे मैं एक नगण्य प्रजाजन के अपवाद से त्याग रहा हूँ। हाय, परमंदिरवास का दूषण मैथिली के भाल से टल नहीं सका! अग्निपरीक्षा होने पर भी प्रवाद नहीं गया। अब मैं भाग्यहीन क्या करूँ अथवा अपना यह अभिशप्त जीवन त्याग दूँ?

दूँ? किंतु मैंने तो जन-मन अनुरंजन का व्रत ग्रहण किया है। व्रतपालन करने में ही पितुवर ने प्राण त्याग दिए। मैं उनका पुत्र क्या ऐसा अधम हूँ कि व्रतभंग करूँगा? अरे, अभी ही तो भगवान् वसिष्ठ ने संदेश भेजा है। अहा, क्या मेरे कारण यह हमारा पवित्र इक्ष्वाकु कुल दूषित होगा? नहीं, नहीं, ऐसा नहीं हो सकेगा। हाँ मैथिली, अयोनिजा, निष्पाप भूमिकुमारी, अपने जन्म से संसार को प्रसन्न करनेवाली, विदेह जनक की नेत्रज्योति, भगवती अरुंधती और वसिष्ठ द्वारा प्रशंसित चरित्र! हा राम की प्राणप्रिया, अरी महावन की संगिनी, सखी, प्राणाधिक प्रिया, मृदुभाषिणी! तेरा ऐसा भाग्य! अरी, तूने संसार को पवित्र किया, तो भी मनुष्य तेरे प्रति अपवित्र बात कहते हैं? अरी, समाज को सनाथ करनेवाली मुझ अयोग्य पति के रहते तू आज अनाथ होनेवाली है। हाय, हाय, यह निष्पाप तो सुख से मेरी बाँह का सहारा लिये सो रही है। यह नहीं जानती, मैं क्रूरकर्मा पति हूँ। अस्पृश्य हूँ, तो क्यों अपने स्पर्श से इस पवित्रात्मा को अपवित्र करूँ?'

उन्होंने धीरे से बाँह सीता के सिर के नीचे से निकाल ली और उठ खड़े हुए। बाहर आकर सेवक को आवाज दी।

उन्होंने धीरे से बाँह सीता के सिर के नीचे से निकाल ली और उठ खड़े हुए। बाहर आकर सेवक को आवाज दी।

दुर्मुख आकर उपस्थित हुआ और प्रणाम करके बोला, "महाराज की जय हो, आर्य लक्ष्मण की आज्ञा से मैं राजाज्ञा पालने के लिए उपस्थित हूँ।"

दुर्मुख आकर उपस्थित हुआ और प्रणाम करके बोला, "महाराज की जय हो, आर्य लक्ष्मण की आज्ञा से मैं राजाज्ञा पालने के लिए उपस्थित हूँ।"

परंतु राम ने उसकी ओर नहीं देखा। वे अभी भी अपनी विचारधारा से द्वंद्व कर रहे थे, 'हाय, जीवलोक पलट गया, राम का जन्म लेने का प्रयोजन भी पूरा हो गया। संसार विदग्ध वन के समान सूना हो गया, संसार में कुछ सार न रहा। हा माता अरुंधती, हा भगवान् वसिष्ठ, हा मुनि विश्वामित्र, हा अग्नि देव, हा पिता जनक, हा पिता दशरथ, हा माता, हा उपकारी मित्र लंकेश विभीषण, हा प्रिय सखा सुग्रीव, हा मारुति, हा त्रिजटे! इस वंचक अधम राम ने तुम सबको ठग

लिया! अथवा अब यह राम तुम्हें मुँह दिखाने योग्य न रहा। हा, हा, हा, हा! अरी भोली सीते, तू विश्वास करके मेरे अंक में निश्चिंत सो गई, सो मैं वंचक निर्दयी तुझे चुपचाप सोती छोड़कर चोर की भाँति बाहर निकल आया। भला कौन पति विश्व में ऐसा निर्दयी होगा, जो आसन्नप्रसवा निष्पाप पत्नी को वनचरों के बीच छोड़ दे! हा! हा! हा!'

दुर्मुख ने फिर निवेदन किया, "महाराज, सेवक राजाज्ञा की बाट जोह रहा है।"

अब राम सचेत हुए। उन्होंने कहा, "जा भद्र, राजाज्ञा पालन कर, राजाज्ञा हो चुकी है।"

"हा, देवी सीते! तुम कैसे जीवित रहोगी? भगवती वसुंधरे, अपनी पुत्री की रखवाली करना। तुम्हीं ने जनक और रघुकुल की वंश-उजागरी सीता को जन्म दिया।" इसी पीड़ा से विदग्ध राम व्याकुल भाव से वहाँ चल दिए।

सीता ने जागकर देखा, राम शैया पर नहीं हैं। उसने उठकर कहा, "सौम्य आर्यपुत्र कहाँ हो? हा, धिक्-धिक्, दुस्स्वप्न के धोखे में मैं आर्यपुत्र का नाम लेकर चिल्ला उठी। अरे, सचमुच ही मुझ अकेली को सोती छोड़कर आर्यपुत्र चले ही गए! यह राजकाज भी व्यसन है। इस बार यदि उन्हें देखकर अपने वश में रह सकी तो अवश्य कोप करूँगी।" सीता ने दासी को आवाज दी।

सीता ने जागकर देखा, राम शैया पर नहीं हैं। उसने उठकर कहा, "सौम्य आर्यपुत्र कहाँ हो? हा, धिक्-धिक्, दुस्स्वप्न के धोखे में मैं आर्यपुत्र का नाम लेकर चिल्ला उठी। अरे, सचमुच ही मुझ अकेली को सोती छोड़कर आर्यपुत्र चले ही गए! यह राजकाज भी व्यसन है। इस बार यदि उन्हें देखकर अपने वश में रह सकी तो अवश्य कोप करूँगी।" सीता ने दासी को आवाज दी।

दुर्मुख ने उपस्थित होकर कहा, "यह सेवक है, महारानी। राजमहिषी की जय हो! आर्य लक्ष्मण प्रार्थना करते हैं कि रथ प्रस्तुत है, सो देवी चलकर उस पर चढ़ें।"

"अच्छा भद्र, ठहर, गर्भभार से मैं शीघ्र नहीं चल सकती, धीरे-धीरे चलूँगी।"

"इधर से आइए देवी, इधर से।"

सीता ने शैया से उठकर पूर्व दिशा की ओर मुख करके प्रात: नमन करते हुए कहा, "तपस्वी जनों को प्रणाम, गुरुकुल के देवताओं को प्रणाम। आर्यपुत्र के चरणकमल में प्रणाम। मैं सब गुरुजनों को प्रणाम करती हूँ।" फिर दुर्मुख से बोली, "चल भद्र, रथ किधर है?"

"इधर से देवि, इधर से।"

~ उन्नीस ~

रथ चलते-चलते मध्याह्न हो गया। गंगा के किनारे का वाल्मीकि आश्रम के पास पहुँचकर सीता ने लक्ष्मण से कहा, "लक्ष्मण, आज मैं कितनी प्रसन्न हूँ।"

"हाँ भाभी!"

"पर तुम तो बड़े उदास हो।"

"क्या, मैं? नहीं तो? अब, उतरिए। महात्मा वाल्मीकि का आश्रम आ गया।"

"क्या सच? अहा, ऋषि के दर्शन करके आज आँखें सफल होंगी।"

"हाँ भाभी!"

"उधर एकटक तुम क्या देख रहे हो? देखो, गंगा कल-कल करती बह रही है।"

"हाँ भाभी!"

"और ऋषियों की कुटियों से होम का धुआँ कैसा उठ रहा है! ब्रह्मचारी वेदपाठ कर रहे हैं। उनकी ध्वनि कैसी प्यारी लग रही है!"

"क्या, मैं? नहीं तो? अब, उतरिए। महात्मा वाल्मीकि का आश्रम आ गया।"

"क्या सच? अहा, ऋषि के दर्शन करके आज आँखें सफल होंगी।"

"हाँ भाभी!"

"उधर एकटक तुम क्या देख रहे हो? देखो, गंगा कल-कल करती बह रही है।"

"हाँ भाभी!"

"हाँ भाभी!"

"मैं आज गंगा में खूब विहार करूँगी। सुन रहे हो न, लक्ष्मण?"

"हाँ भाभी!"

"अरे, तुम किस सोच में खड़े हो, वत्स? आओ, इस पत्थर पर थोड़ा बैठकर आराम कर लें।"

"भाभी, अब मैं जाऊँगा।"

"जाओगे? कहाँ जाओगे?"

"अयोध्या को।"

"अयोध्या को?"

"हाँ भाभी!"

"वाह देवरजी, आए देर न हुई कि अभी जाओगे! मैं तो आज दिन भर वन में विहार करूँगी। वाह, भला वन का यह सौंदर्य महलों में कहाँ?"

"यहाँ आपका मन लग जाएगा, भाभी?"

"मुझे बहुत अच्छा लग रहा है, पर ऐं, यह दाहिनी आँख क्यों फड़क रही है?"

"हाँ भाभी!"
"वाह देवरजी, आए देर न हुई कि अभी जाओगे! मैं तो आज दिन भर वन में विहार करूँगी। वाह, भला वन का यह सौंदर्य महलों में कहाँ?"
"यहाँ आपका मन लग जाएगा, भाभी?"
"मुझे बहुत अच्छा लग रहा है, पर ऐं, यह दाहिनी आँख क्यों फड़क रही है?"

"भाभी, महात्मा वाल्मीकि के आश्रम की सीधी राह यह है।"

"देख तो रही हूँ, परंतु हम वहाँ गंगा स्नान करके चलेंगे।"

"तो भाभी, मुझे आज्ञा दीजिए।"

"कैसे अच्छे फूल खिले हैं! कैसी भीनी महक फैल रही है, देवरजी।"

"हाँ भाभी!"

"हम महाराज के लिए बहुत से फूल ले चलेंगे।"

"भाभी, अब मैं जाऊँगा।"

“कहाँ देवरजी ?”

“अयोध्या को।”

“अभी हम नहीं चलेंगे।”

“पर मैं जाऊँगा, भाभी।”

“और मैं ?”

“आप यहीं रहेंगी।”

“मैं ?”

“हाँ भाभी!”

“अकेली ?”

“महात्मा वाल्मीकि का आश्रम तो पास ही है।”

“तुम्हारा अभिप्राय क्या है ?”

“महाराज की आज्ञा है।”

“क्या आज्ञा है ?”

“कैसे कहूँ, भाभी!”

“कहो लक्ष्मण, मैं आज्ञा देती हूँ।”

“महाराज की यही आज्ञा है कि देवी सीता को वन में महात्मा वाल्मीकि के आश्रम के पास छोड़ आओ।”

“हाँ भाभी!”
“अकेली ?”
“महात्मा वाल्मीकि का आश्रम तो पास ही है।”
“तुम्हारा अभिप्राय क्या है ?”
“महाराज की आज्ञा है।”
“क्या आज्ञा है ?”
“कैसे कहूँ, भाभी!”
“कहो लक्ष्मण, मैं आज्ञा देती हूँ।”
“महाराज की यही आज्ञा है कि देवी सीता को वन में महात्मा वाल्मीकि के आश्रम के पास छोड़ आओ।”

“छोड़ आओ ? आह!”

“हाँ भाभी!”

“किसलिए ?”

“मैं नहीं जानता।”

“महाराज ने क्या दासी को त्याग दिया ?”

“मैं नहीं जानता।”

“तो तुम मुझे इस वन में अकेली छोड़कर चले जाओगे ?”

“महाराज की यही आज्ञा है।”

“अकेली वन में छोड़ जाने की ? मुझ गर्भिणी को ?”

"देवी, विपत् में धैर्य ही रक्षा करता है।"

"अयोध्या के वे राजमहल, आर्यपुत्र की वे प्यारी बातें, इतनी जल्दी स्वप्न हो जाएँगी?"

"भाभी, मेरा हृदय फटा जा रहा है।"

"रोते हो वत्स लक्ष्मण! छिह!"

"भाभी!"

सीता ने रुष्ट और उत्तेजित होकर कहा, "जाओ तुम अयोध्या को। आर्यपुत्र से कहना…"

"क्या?"

"कहना, अभागिनी सीता ने कहा है कि जब पहले राज्यलक्ष्मी आपकी गोद में आई थीं, तब मैं आपको वन में ले भागी थी। अब राज्यलक्ष्मी की बारी है कि उसने मुझे आपसे दूर करके वन में भगा दिया है। इसमें आपका दोष नहीं, मेरे ही भाग्य का दोष है। मैं आपके बिना कभी न रहती, तुरंत प्राण त्याग देती। पर आपका तेज मेरे शरीर में है। इसलिए पुत्र के जन्म लेने तक मैं सूर्य में दृष्टि लगाकर तप करूँगी कि जिससे फिर मुझे आप ही पति मिलें।"

कहना, अभागिनी सीता ने कहा है कि जब पहले राज्यलक्ष्मी आपकी गोद में आई थीं, तब मैं आपको वन में ले भागी थी। अब राज्यलक्ष्मी की बारी है कि उसने मुझे आपसे दूर करके वन में भगा दिया है। इसमें आपका दोष नहीं, मेरे ही भाग्य का दोष है। मैं आपके बिना कभी न रहती, तुरंत प्राण त्याग देती।

"धन्य भाभी! अब मैं जाऊँ?"

"जाओ वत्स, आर्यपुत्र से कहना, सीता के सब अपराध क्षमा हों।"

"भाभी, मेरा मन हाहाकार कर रहा है।"

"देवर, राजधर्म बड़ा कठोर है और भाग्य उससे भी अधिक।"

"भाभी!" कहते-कहते लक्ष्मण मूर्च्छित हो पृथ्वी पर गिर पड़े।

सीता विलाप कर उठीं, "अरे, मूर्च्छित होकर गिर गए। अब मैं क्या करूँ?"

परंतु लक्ष्मण की मूर्च्छा शीघ्र ही दूर हो गई। उन्होंने कहा, "नहीं भाभी! मैं अब ठीक हो गया। मैं चला।"

सीता ने नयनों में छलकते नीर को रोककर कहा, "जाओ, तुम्हारा मार्ग शुभ हो, वत्स!"

"भाभी, वन के देवता तुम्हारी रक्षा करें। अभिवादन करता हूँ।"

"सुखी रहो। सुनो, आर्यपुत्र के चरणों में प्रणाम कह देना।"

"अच्छा।"

"भाभी, वन के देवता तुम्हारी रक्षा करें। अभिवादन करता हूँ।"
"सुखी रहो। सुनो, आर्यपुत्र के चरणों में प्रणाम कह देना।"
"अच्छा।"
"मेरी सब दासियों और सखियों को मेरे सब गहने, उन्हें जो पसंद करें, बाँट देना। अब इन्हें मेरे पहनने के दिन बीत चुके।"

"मेरी सब दासियों और सखियों को मेरे सब गहने, उन्हें जो पसंद करें, बाँट देना। अब इन्हें मेरे पहनने के दिन बीत चुके।"

"भाभी!"

"उनसे कहना, मेरे मोर और सुग्गों को ठीक समय दाना-पानी देते रहें।"

"भाभी!"

"आर्यपुत्र से कहना, मेरे उस हिरन के बच्चे को सदा प्यार करते रहें। हाय, उसे तो बिना मेरी गोद के कहीं एक पल चैन ही नहीं पड़ता था।"

"भाभी!"

"लक्ष्मण! सब बहुओं को आसीस देना, वे सदा सुहागिन रहें।"

"भाभी!"

"अब जाओ तुम वत्स लक्ष्मण!"

"भाभी!'"

लक्ष्मण दुःखी मन वहाँ से चल दिए।

सीता उन्हें जाते देखती रहीं। लक्ष्मण के पैर लड़खड़ा रहे थे, पर वे दृढ़ता से चले जा रहे थे। उनके ओझल होने पर सीता ने निश्श्वास छोड़कर कहा, "गए, तेज और विनय के अवतार, बड़े भाई की आज्ञा को ईश्वर की आज्ञा

माननेवाले यती लक्ष्मण, जिन्होंने अपनी इच्छा से चौदह वर्ष वन में नींद और भूख को जीतकर हमारी सेवा की, जिन्होंने कभी आँख उठाकर मेरी ओर नहीं देखा। धन्य लक्ष्मण, धन्य देवर! तुम सा देवर, तुम सा भाई जगत् में न हुआ, न होगा। जाओ, ईश्वर तुम्हारा भला करे। लो, वे गंगा-पार उतर गए, वे रथ पर बैठ गए। सपने की तरह अयोध्या के सब सुख खो गए। अब आर्यपुत्र के मीठे-प्यारे वचन कब सुनने को मिलेंगे? कभी नहीं, कभी नहीं। हाय रे सीता के भाग्य! आह, यह कैसी पीर उठी। अरे! इस अभागिनी को कोई सँभालो! अरे! मैं अयोध्या के महाप्रतापी महाराज की महारानी हूँ, पर इस समय कोई दास-दासी, सखी-सहेली तक पास नहीं। भगवती गंगा, क्या तुम्हारी गोद में जाऊँ? मन में प्यारे पुत्र का मुखड़ा देखने की कितनी लालसा थी! परंतु सीता के भाग्य में पुत्रवती होना कहाँ? माता कौशल्या, बहन उर्मिला, आर्यपुत्र, ओह, अब नहीं सहा जाता, सबने अभागिनी सीता को भुला दिया।"

दुःख और क्षोभ से सीता मूर्च्छित होकर वहीं भूमि पर गिर पड़ीं। इसी समय दो ऋषिकुमार वहाँ आए। उन्होंने कहा, "अरे, यह कौन स्त्री यहाँ मूर्च्छित पड़ी है अथवा मर गई है।"

वे झुककर उसे देखने लगे। परीक्षण करने पर एक ने कहा, "अभी जीवित है।"

दुःख और क्षोभ से सीता मूर्च्छित होकर वहीं भूमि पर गिर पड़ीं। इसी समय दो ऋषिकुमार वहाँ आए। उन्होंने कहा, "अरे, यह कौन स्त्री यहाँ मूर्च्छित पड़ी है अथवा मर गई है।" वे झुककर उसे देखने लगे। परीक्षण करने पर एक ने कहा, "अभी जीवित है।"

दूसरे ने भी नासारंध्र पर उँगली रखकर कहा, "साँस तो चलती है।"

"आश्रम की तो नहीं है। कोई नगर की स्त्री ज्ञात होती है।"

"किसी बड़े घर की राजलक्ष्मी प्रतीत होती है। गहने नहीं हैं, पर कैसा रूप-तेज है!"

"मूर्च्छित है।"

"अब क्या किया जाए? किसे पुकारें? कौन सहायता करे? तुम जाकर

गुरुजी को सूचना दो कि एक स्त्री गंगा के किनारे मूर्च्छित पड़ी है। लो, गुरुजी स्नान करने इधर ही आ रहे हैं।"

गुरु वाल्मीकि के समीप आने पर दोनों ने उन्हें अभिवादन किया, "गुरुजी प्रणाम!"

"चिरंजीव रहो पुत्रो! यहाँ तुम क्या कर रहे हो ?"

"आर्य! यह स्त्री यहाँ मूर्च्छित पड़ी है।"

वाल्मीकि ने मूर्च्छित सीता को देखा और पहचानकर आश्चर्य से बोले, "अरे, यह तो रघुकुल की राजरानी सीता हैं।"

"क्या! महारानी सीता हैं ?"

"पुत्री! यत्न करो। कमंडलु से जल के छींटे दो। सचेत करो इन्हें।"

छींटे देने से सीता की संज्ञा लौट आई। उसके मुँह से निकला, "आह, वह स्वप्न भी टूट गया।"

ऋषिकुमारों को देखकर वह उठ बैठीं और पुछा, "आप कौन हैं, ऋषिकुमार ?" फिर ऋषि को भी देखकर बोलीं, "और आप ?"

"पुत्री! यत्न करो। कमंडलु से जल के छींटे दो। सचेत करो इन्हें।" छींटे देने से सीता की संज्ञा लौट आई। उसके मुँह से निकला, "आह, वह स्वप्न भी टूट गया।" ऋषिकुमारों को देखकर वह उठ बैठीं और पुछा, "आप कौन हैं, ऋषिकुमार ?" फिर ऋषि को भी देखकर बोलीं, "और आप ?"

एक ऋषिकुमार ने उत्तर दिया, "भगवती, यह हमारे गुरु महर्षि वाल्मीकि हैं।"

सीता सावधान होकर उठ खड़ी हुईं, "ऋषिवर, प्रणाम! अभागिनी सीता को कहीं आसरा मिलेगा ? उसके पापी प्राण तो उसके शरीर से बहुत ही मोह रखते हैं।"

वाल्मीकि ने स्नेह से कहा, "पुत्री! संसार गोरखधंधा है और जीवन भी। तुम धर्य धारण करके भाग्य के विधान को देखो। पुत्रो! देवी को आश्रम में ले जाकर भगवती आत्रेयी को सौंप दो। उनसे कह देना कि यह रघुकुल राजरानी सीता हैं। इनको कोई दुःख न हो।"

"जो आज्ञा महाराज! चलिए महारानी!"

बीस

अयोध्या लौटकर लक्ष्मण महाराज राम को संदेश देने उनके पास गए और उन्हें प्रणाम करके खड़े हो गए। राम ने उन्हें देखकर पूछा, "आ गए, भैया लक्ष्मण!"

"हाँ, महाराज!"

"सीता कहाँ छोड़ी, भैया?"

"महात्मा वाल्मीकि के आश्रम के पास वाले वन में।"

"वह आश्रम में पहुँच गई होगी, भैया?"

"पहुँच गई होंगी, महाराज!"

"लक्ष्मण! क्यों क्रुद्ध हो रहे हो, भैया?"

"महाराज, सेवक स्वामी पर कैसे क्रुद्ध हो सकता है?"

"भैया लक्ष्मण!"

"अब महाराज की आज्ञा हो तो मैं राजपरिवार की सब बहुओं को सरयू में डूबो आऊँ। आज्ञा दीजिए, महाराज!"

"भैया! शांत हो।"

"महाराज! यदि मुझे ज्ञात होता कि मुझे ऐसा निष्ठुर काम करना पड़ेगा, तो मैं पहले ही प्राण त्याग देता।"

"भाई! राजधर्म बड़ा कठोर है।"

"भैया! शांत हो।"
"महाराज! यदि मुझे ज्ञात होता कि मुझे ऐसा निष्ठुर काम करना पड़ेगा, तो मैं पहले ही प्राण त्याग देता।"
"भाई! राजधर्म बड़ा कठोर है।"
"यह दास उसे नहीं समझता, महाराज! भगवती सीता को मैं गंगा के उस पार वन में धरती में मूर्च्छिता-असहाय पड़ी छोड़ आया हूँ।"

"यह दास उसे नहीं समझता, महाराज! भगवती सीता को मैं गंगा के उस पार वन में धरती में मूर्च्छिता-असहाय पड़ी छोड़ आया हूँ।"

"मूर्च्छिता!"

"वह एकटक मेरा लौटना देखती रहीं। जब मैं इस पार आकर रथ पर

चढ़कर चलने लगा, तो वह कटे पेड़ की भाँति गिर पड़ीं।"

"हाय, देखी सीता!"

"मैं कुछ भी न कर सका, महाराज! अब मुझे मरवा डालिए। हाय रे राजधर्म!"

"इस राजधर्म पर धिक्कार है! भाई लक्ष्मण, धीरज धरो। हाय, गुरु वसिष्ठ, भगवती अरुंधती और सब माताएँ यह सब सुनेंगी तो क्या कहेंगी? उन्हें कैसे समझाया जाएगा?"

"वे सब सुन चुकी हैं, महाराज!"

"सुन चुकी हैं? तो उन्होंने इस निर्दयी राम पर क्रोध नहीं किया? शाप नहीं दिया?"

"महाराज वे सब अब अयोध्या में लौटकर नहीं आएँगी?"

"अयोध्या में नहीं आएँगी?"

"हाँ, महाराज!"

"क्यों भाई?"

"भगवती अरुंधती ने कहा कि सीता के बिना हम अयोध्या में नहीं रहेंगे।"

"भगवती अरुंधती ने?"

"जी हाँ और सब माताओं ने भी उन्हीं का साथ दिया।"

"अयोध्या में नहीं आएँगी?"
"हाँ, महाराज!"
"क्यों भाई?"
"भगवती अरुंधती ने कहा कि सीता के बिना हम अयोध्या में नहीं रहेंगे।"
"भगवती अरुंधती ने?"
"जी हाँ और सब माताओं ने भी उन्हीं का साथ दिया।"

"सब माताओं ने भी?"

"गुरु वसिष्ठ ने भी यही ठीक समझा।"

"तो उन्होंने भी दास को त्याग दिया? तो अब केवल तुम ही इस पापी राजा की परछाईं की भाँति यहाँ बचे हो?"

"आर्य भरत भगवती मांडवी को साथ लेकर कहीं दूर चले गए हैं। उनके साथ सहस्रों पुरवासियों और राजकर्मचारियों ने भी अयोध्या छोड़ दी है। राजमहल में केवल बहुएँ और उनकी कुछ चेरियाँ रह गई हैं। आज्ञा हो तो उन्हें भी सरयू में डुबो दिया जाए।"

"हाय भाई! सबने मुझे त्याग दिया। अब तुम भी ऐसी कठोर बात कहते हो?" यह कहकर राम बिलखकर रो उठे।

लक्ष्मण ने अधीरता से कहा, "अरे महाराज! यह आप बालक की भाँति रोने लगे?"

"हाय सीता! तुमने मेरे लिए राजभोग तजकर वन में दु:ख सहा। फूलों पर डरकर पैर रखनेवाली तुम भाग्यहीना मेरे साथ नंगे पैर वन-वन फिरीं। राक्षस रावण ने तुम्हें हर लिया, तो भी तुमने इस निर्दयी राम को न भुलाया। आज बिना अपराध मैंने तुम्हें त्याग दिया। अब मैं कैसे तुम्हारे बिना रहूँगा? अरे, तुम तो कभी एक कड़वी बात भी नहीं बोली थीं! याद करने पर भी मुझे तुम्हारा कोई अपराध याद नहीं आता। अरी जनकदुलारी! अरी अयोध्या की आँखों की पुतली! उस निर्जन वन में मेरे रहते तुम असहाय गर्भ का बोझ लिये पड़ी हो। मुझ पर धिक्कार! धिक्कार!!"

राम मूर्च्छित हो गए। लक्ष्मण ने उन्हें सँभाला और सेवकों को आवाज दी, "अरे, दौड़ो! महाराज मूर्च्छित हो गए। हाय, दास-दासी भी सब महाराज की सेवा से जी चुराने लगे। सब भगवती सीता के लिए सिर धुन रहे हैं। उठिए महाराज! हाय, मैं अकेला क्या करूँ! अरे कोई आओ। कोई नहीं आता? महाराज को सबने त्याग दिया? महाराज, सावधान होइए। हाय रे, राजधर्म!"

राम मूर्च्छित हो गए। लक्ष्मण ने उन्हें सँभाला और सेवकों को आवाज दी, "अरे, दौड़ो! महाराज मूर्च्छित हो गए। हाय, दास-दासी भी सब महाराज की सेवा से जी चुराने लगे। सब भगवती सीता के लिए सिर धुन रहे हैं। उठिए महाराज! हाय, मैं अकेला क्या करूँ! अरे कोई आओ। कोई नहीं आता? महाराज को सबने त्याग दिया? महाराज, सावधान होइए। हाय रे, राजधर्म!"

इक्कीस

वाल्मीकि आश्रम में सीता को यथासमय प्रसव हुआ। लव और कुश दो पुत्रों ने जन्म लिया, जिन्हें पाकर सीता का दुःख कुछ कम हुआ। भाग्य प्रबल मानकर वह भी आश्रमवासियों की भाँति जीवन व्यतीत करने लगीं, परंतु राम की स्मृति तो उसकी आत्मा में बसी हुई थी, इसलिए एकांत होने पर राघव की याद करके उदास हो जाती थीं। एक दिन सीता अपनी कुटी में अकेली बैठी हुई दूर से वटुकों की वेदपाठ-ध्वनि सुन रही थीं। आश्रम की संगिनी वासंती देवी ने आकर कहा, “क्या हो रहा है?”

सीता ने उत्तर दिया, “अहा, मेघ-निर्घोष के समान यह वेदध्वनि कैसी मधुर लग रही है! सुनने से कान पवित्र होते हैं। इस अमृत ध्वनि के सुनते ही मन के सब पाप-ताप दूर हो जाते हैं।”

“देवी, यह वनश्री शांत-अभिराम और पुण्यमय है। राजभोग इसके सम्मुख नगण्य है।”

सीता ने उत्तर दिया, “अहा, मेघ-निर्घोष के समान यह वेदध्वनि कैसी मधुर लग रही है! सुनने से कान पवित्र होते हैं। इस अमृत ध्वनि के सुनते ही मन के सब पाप-ताप दूर हो जाते हैं।” “देवी, यह वनश्री शांत-अभिराम और पुण्यमय है। राजभोग इसके सम्मुख नगण्य है।”

“सच है बहन, मुझे बारंबार वनस्थली के वे अवर्णनीय शोभाशाली दिन याद आते हैं, जब मैं आर्यपुत्र के साथ वहाँ रहती थी।”

“अयोध्या के राजमहालय के ऐश्वर्य-भोग याद नहीं आते, देवी?”

“न बहन, उन भोगों ने हमें ही भोगा, हमने उन्हें नहीं भोगा।”

“भोग तो ऐसे ही हैं देवी! इसी से मनस्वी जन त्याग ही को श्रेष्ठ कहते हैं।”

“अथवा तप को। जहाँ वासना का दमन किया जाता है, इच्छाओं का संयम किया जाता है!”

"इसी से त्याग और तप के लिए वन ही उपयुक्त है। जहाँ निसर्ग का शुद्ध रूप जीवन को त्याग और तप की प्रेरणा देते हैं।"

"अहा, स्वप्न-सुख के समान हमारे वे त्याग और तप के लंबे दिन पंचवटी में बीत गए। जहाँ मृगी गर्व से मस्तक उठाकर मृग से खेलती थी; मृग के सींग से वह अपनी आँख खुजाती थी। गोदावरी के कूल पर जहाँ महावटों की डालियों की जड़ें, भगवती वसुंधरा को चूमती थीं। जिसकी सघन छाया में हमारी पर्णकुटी मनोरम प्रस्रवण पर्वतशृंखला के सम्मुख कैसी मनोरम लगती थी!"

"परंतु यहाँ आर्यपुत्र का सुखद सहवास कहाँ है? उनके नवमेघ के समान मुख के दर्शन कहाँ हैं? हीरक-मणि सी शुभदृष्टि कहाँ है? कुसुम-जाल को लांछित करनेवाली अंकशैया कहाँ है? अरी सखी, इन नेत्रों को तो उस प्रियदर्शन मुख के बिना यह अलौकिक वनश्री सूनी ही सी लग रही है।"

"भगवती सीते! यहाँ की वनश्री भी अलौकिक है। वह सामने बहती गंगा का कलकल स्वर, स्वच्छ चाँदनी में दूर तक फैली हुई रजत रेती कितनी शांत, कितनी महान् और दिव्यदर्शना है!"

"परंतु यहाँ आर्यपुत्र का सुखद सहवास कहाँ है? उनके नवमेघ के समान मुख के दर्शन कहाँ हैं? हीरक-मणि सी शुभदृष्टि कहाँ है? कुसुम-जाल को लांछित करनेवाली अंकशैया कहाँ है? अरी सखी, इन नेत्रों को तो उस प्रियदर्शन मुख के बिना यह अलौकिक वनश्री सूनी ही सी लग रही है।"

"देवी, यह तुम्हारे प्यार का प्रभाव है।"

"अहा, देखो, इस क्षुद्र हृदय में क्षोभ का अनंत सागर लहरा रहा है, परंतु विदेह की कन्या और रघुकुल वधू, इस हतभागा सीता के संताप को कैसे बहा ले जाए, जिसने विधि-विडंबना से अपनी सब अभिलाषाओं को सूखी तपस्या से जकड़कर बाँध रखा है! तनिक भी असावधान होने से वह बाँध टूट जाता है। सोया हुआ प्रेम जाग उठता है और रुंधे हुए आँसुओं की वेगवती धारा उच्छ्वास के साथ फूट निकलती है।"

"देवी, हम तपस्विनी हैं। भला, इन प्रेम-आसक्ति की बातों से हमारा क्या प्रयोजन है?"

"सांध्य वेला आ रही है, मेघांबर की लाल सिंदूर-रेखा भाल पर दिए हुए। वनश्री धीरे-धीरे स्तब्ध होती जा रही है। यह पूर्वाकाश में चंद्रोदय हो रहा है। आर्यपुत्र, तुम कहाँ हो? कहाँ हो, ओ निष्ठुर, ओ निर्मम!"

"देवी सीता, धैर्य धारण करो। देखो, वे चिरंजीव लव-कुश आ रहे हैं, सांध्य क्रीड़ा करके। ये तुम्हारी आत्मा के अंश हैं। इसी में अपना मन रमाओ। इन्हें अपना प्यार दो।"

दोनों बालक लव-कुश आकर सीता से लिपट गए। सीता ने उन्हें अपनी छाती से लगा लिया। उसकी आँखों में आँसू झलक आए। उसने कहा, "मेरे लाल, मेरे नेत्रों की ज्योति, मेरे जीवन-धन! अब तो तुम्हीं इस दु:खिया माता के सहारे हो।"

"देवी, हम तपस्विनी हैं। भला, इन प्रेम-आसक्ति की बातों से हमारा क्या प्रयोजन है?" "सांध्य वेला आ रही है, मेघांबर की लाल सिंदूर-रेखा भाल पर दिए हुए। वनश्री धीरे-धीरे स्तब्ध होती जा रही है। यह पूर्वाकाश में चंद्रोदय हो रहा है। आर्यपुत्र, तुम कहाँ हो? कहाँ हो, ओ निष्ठुर, ओ निर्मम!"

बाईस

ऋष्यशृंग के आश्रम में आश्रमवासिनी आत्रेयी और मुनि विभांडक बैठे बातें कर रहे थे।

विभांडक बोले, "आर्ये आत्रेयी, महातपस्वी ऋष्यशृंग का बारह वर्ष का सत्र तो अब समाप्त हो गया, महात्मा ऋष्यशृंग ने पूजा करके सब गुरुजनों को विदा कर दिया। किंतु अयोध्या का राजपरिवार और रघुवंशियों की रखवाली करनेवाले महर्षि वसिष्ठ तो अभी यहीं हैं। वे सब कब अयोध्या जाएँगे?"

"वे सब अब अयोध्या नहीं जाएँगे। भगवती अरुंधती ने कहा है कि सीता

से रहित अयोध्या में मैं नहीं जाऊँगी। उनके आग्रह को देख कौशल्या आदि राजमाताओं ने भी यही ठान ली है। उनके इस हठ के कारण, महर्षि वसिष्ठ भी निरुपाय हो रहे।"

"अच्छा, तो उस निर्दयी राजा को सबने त्याग दिया? फिर भला अब राज का पुरोहित कौन है?"

"वामदेव ऋषि राज के सब वेदोक्त संस्कार कराते हैं।"

"भला, राजा ने निष्पाप महिषी सीता का गर्भावस्था में त्याग किया तो फिर दूसरा विवाह भी किया?"

"नहीं भाई, एक पत्नीव्रती रामचंद्र संयम से रहते हैं।" "अहा, तब तो राजा में अभी विवेक है। फिर यही बात थी तो उसने निर्दोष पत्नी को क्यों त्यागा?" "अपवाद के भय से। "तो उस धर्मात्मा राजा ने केवल अपवाद के भय से गर्भभार से व्याकुल वैदेही को त्यागते हुए मन में ग्लानि नहीं की?"

"नहीं भाई, एक पत्नीव्रती रामचंद्र संयम से रहते हैं।"

"अहा, तब तो राजा में अभी विवेक है। फिर यही बात थी तो उसने निर्दोष पत्नी को क्यों त्यागा?"

"अपवाद के भय से।

"तो उस धर्मात्मा राजा ने केवल अपवाद के भय से गर्भभार से व्याकुल वैदेही को त्यागते हुए मन में ग्लानि नहीं की?"

"अरे, हम तपस्वी राजकाज की जटिलता क्या जानें। कहा है न, तप से राजा होता है और अधर्म से राजा नरक में जाता है। सो ठीक ही है। कर्तव्यवश राजा को घोर कर्म भी करने पड़ते हैं।"

"अकारण पत्नी का निष्कासन जैसा निष्ठुर काम भी करना पड़ता है?"

"राजा ने बहुत अनुनय-विनय कर राजपरिवार को राजधानी में बुलाया था। परंतु भगवती अरुंधती का क्रोध शांत न हुआ। अब महर्षि वसिष्ठ ने कहा है कि अपने गुरुकुल ही में राजमाताओं सहित चलकर रहेंगे।"

"तो रघुकुल की रक्षा कैसे होगी? सुना है, महात्मा भरत भी अयोध्या में नहीं हैं।"

"वे मामा के यहाँ देवी मांडवी सहित रहने लगे हैं? कोसल के राज्य से उन्हें अब क्या लेना-देना है?"

"अहो, यह तो अद्‌भुत व्यापार है, जिस सीता के लिए राजा ने महा-पराक्रम कर महाबली रावण का सवंश नाश किया, उसी सीता को उसने इस प्रकार त्याग दिया! ऐसा तो कोई पति नहीं कर सकता।"

"भाई, राजकाज के सौ झंझट हैं।"

"अहो, यह तो अद्‌भुत व्यापार है, जिस सीता के लिए राजा ने महा-पराक्रम कर महाबली रावण का सवंश नाश किया, उसी सीता को उसने इस प्रकार त्याग दिया! ऐसा तो कोई पति नहीं कर सकता।" "भाई, राजकाज के सौ झंझट हैं।"

"न जाने अब भगवती सीता कहाँ हैं, कैसी हैं?"

"सुना है, महर्षि वाल्मीकि के आश्रम में हैं।"

"यह भी तो सुनते हैं कि महर्षि वाल्मीकि को शब्दब्रह्म का प्रकाश स्पष्ट हुआ है और वे दिव्यदृष्टि और आर्षज्ञान से रागात्मक काव्य रच रहे हैं।"

"ऐसा ही सुनते हैं। यह भी सुना है, दो ऋषिकुमार दिव्यवाणी से वह काव्य गायन करते हैं।"

"यह तो वेद से भिन्न पहली ही रचना है।"

"ऐसा ही है। लो, धूप चढ़ गई, भगवती अरुंधती का आज उपवास है, चलूँ देखूँ, भगवती क्या आज्ञा देती हैं?"

~ तेईस ~

राम ने ठंडी साँस लेकर लक्ष्मण से पूछा, "तो अब भरत अयोध्या में नहीं आएँगे?"

लक्ष्मण ने उत्तर दिया, "महाराज की आज्ञा से मैंने चर भेजा था, परंतु उन्होंने कहा, 'निष्पाप भगवती सीता के साथ ऐसा निर्मम दुष्कृत्य करनेवाले राजा से मेरा क्या संबंध है?'"

"ठीक ही तो कहा, जिस भरत ने मुझ भाग्यहीन के लिए अयोध्या के साम्राज्य को ठुकरा दिया, चौदह वर्ष मेरी पादुका लेकर जिसने अपनी असीम निष्ठा का परिचय दिया, उसी प्राणाधिक भरत ने आज मुझे त्याग दिया, सो दोष मेरा ही है।"

"शत्रुघ्न ने लवण को परास्त कर मधुपुरी अपने अधीन कर ली है। वे भी वहीं बस गए हैं।"

"वत्स लक्ष्मण, अब केवल तुम्हीं देवता की भाँति अपने दम से इस अधम राम की रक्षा कर रहे हो। भाई, तुम्हारी अमर-अक्षय कीर्ति जगत् में जब तक सूर्य-चंद्र हैं, तब तक गाई जाएगी। तुम्हारा प्रेम पवित्र है, चरित्र महान् है, त्याग अनुपम है, तुम्हारे गुण ऐसे हैं कि सारे संसार के मनुष्य तुम्हारी पूजा करेंगे।"

"महाराज, इन बातों का अब क्या प्रकरण है?"

"समझ गया, इस अधम राजा का मुँह वे नहीं देखता चाहते। यह भी ठीक है।"

"महात्मा ऋष्यशृंग का सत्र संपूर्ण हो गया। अब महर्षि वसिष्ठ और भगवती अरुंधती सब माताओं तथा राजपरिवार सहित गुरुकुल वास के लिए चले गए हैं।"

"तो वे सब गुरुपद अब राजधानी में नहीं आएँगे?"

"ऐसा ही है महाराज!"

"वत्स लक्ष्मण, अब केवल तुम्हीं देवता की भाँति अपने दम से इस अधम राम की रक्षा कर रहे हो। भाई, तुम्हारी अमर-अक्षय कीर्ति जगत् में जब तक सूर्य-चंद्र हैं, तब तक गाई जाएगी। तुम्हारा प्रेम पवित्र है, चरित्र महान् है, त्याग अनुपम है, तुम्हारे गुण ऐसे हैं कि सारे संसार के मनुष्य तुम्हारी पूजा करेंगे।"

"महाराज, इन बातों का अब क्या प्रकरण है?"

"जिस दिन युद्ध में तुम्हारी छाती में शक्ति लगी थी, तुम्हारे घाव से रक्त की धार बह रही थी, तब मेरे नेत्रों में अंधकार छा गया था। उस दिन मैंने समझा था कि हम-तुम दोनों संसार-सागर में एक नाव पर सवार हैं। हमारे शरीर दो

हैं—प्राण एक हैं। हम कभी अलग नहीं हो सकते। सो आज तुम ही मेरे पास रह गए। सबने मुझे त्याग दिया।"

"महाराज, अब दु:ख करने से क्या लाभ है? देखिए, वे ऋषिवर वामदेव आ रहे हैं।"

इसी समय ऋषि वामदेव वहाँ आ पहुँचे। राम ने उठकर उनका अभिवादन किया, "अभिवादन करता हूँ भगवन्!"

"महाराज की जय हो, सब अकल्याण दूर हों!"

"कहिए ऋषिवर, आज किस आज्ञा से इस दास को धन्य करने इस समय पधारने का कष्ट किया?"

"राजन्, तुम्हारा यह दु:ख तो देखा नहीं जाता। अब इस जर्जर शरीर पर इतने बड़े साम्राज्य का भार है और हृदय का भार भी।"

"सो यह तो भगवन्, जीते जी भार ढोना ही होगा।"

"राजन्, राजधर्म का पालन करके राजा प्रथम अपना कल्याण करता है, फिर पृथ्वी का।"

"सो मैं अपना कल्याण तो कर चुका, ऋषिवर!"

"राजन्, तुम्हारा यह दु:ख तो देखा नहीं जाता। अब इस जर्जर शरीर पर इतने बड़े साम्राज्य का भार है और हृदय का भार भी।"
"सो यह तो भगवन्, जीते जी भार ढोना ही होगा।"
"राजन्, राजधर्म का पालन करके राजा प्रथम अपना कल्याण करता है, फिर पृथ्वी का।"
"सो मैं अपना कल्याण तो कर चुका, ऋषिवर!"

"महाराज, त्याग सबसे श्रेष्ठ तप है, उसका पुण्य बहुत है। उसे कातर बनकर क्षीण मत कीजिए।"

"गुरुदेव की अब इस दास को क्या आज्ञा है?"

"महाराज, तप से तेज बढ़ता है, सो आप तेज धारण कीजिए।"

"किस प्रकार ऋषिवर?"

"आप महर्षि वसिष्ठ की सेवा में जाइए।"

"कौन सा मुँह लेकर जाऊँ?"

"इतनी आत्मप्रतारणा क्यों?"

"मेरा दुष्कृत्य लोकविख्यात है, ऋषिवर!"

"महाराज, दुष्कर्म करके आपने क्या कोई स्वार्थ-साधना की है?"

"नहीं ऋषिवर!"

"तो आप ऐसा मानते हैं कि आपने किसी पर अत्याचार किया है?"

"केवल अपने ऊपर।"

"तो महाराज, आपने आत्मयज्ञ का पुण्यलाभ किया है। आप ऋषिवर वसिष्ठ की सेवा में जाइए।"

"जाकर क्या कहूँ?"

"कहिए कि मैं अश्वमेध यज्ञ का अनुष्ठान करूँगा।"

"अश्वमेध?"

"क्यों नहीं, क्या आप सार्वभौम सम्राट् नहीं हैं? क्या पृथ्वी पर आप सा धीर, वीर, धर्म प्राण, कर्तव्यनिष्ठ और भी कोई राजा हुआ है?"

"ऋषिवर, प्रेम के कारण ऐसा कह रहे हैं।"

"जिस सत्य को मैं देख रहा हूँ, वह संसार देखे, मैं यही चाहता हूँ।"

"वह कैसे?"

"जाकर क्या कहूँ?"
"कहिए कि मैं अश्वमेध यज्ञ का अनुष्ठान करूँगा।"
"अश्वमेध?"
"क्यों नहीं, क्या आप सार्वभौम सम्राट् नहीं हैं? क्या पृथ्वी पर आप सा धीर, वीर, धर्म प्राण, कर्तव्यनिष्ठ और भी कोई राजा हुआ है?"
"ऋषिवर, प्रेम के कारण ऐसा कह रहे हैं।"

"आप अश्वमेध कीजिए।"

"मैं भग्न हृदय राम क्या इसका अधिकारी हूँ?"

"अवश्य हैं।"

"मैं विपत्नीक हूँ। राजमहिषी के बिना अश्वमेध अनुष्ठान कैसे हो सकेगा?"

"भलीभाँति हो सकेगा।"

"किस विधि से?"

"वह विधि भगवान् वसिष्ठ आपको बताएँगे। आप वसिष्ठ की सेवा में जाइए।"

"जैसी ऋषिवर की आज्ञा! भाई लक्ष्मण, इसकी व्यवस्था तुम करो।"

□

कुछ समय बाद राम ने गुरु वसिष्ठ से उनके आश्रम में जाकर भेंट की।

वसिष्ठ ने पूछा, "रामभद्र, तुम किसलिए अब मेरे पास आए हो?"

कुछ समय बाद राम ने गुरु वसिष्ठ से उनके आश्रम में जाकर भेंट की। वसिष्ठ ने पूछा, "रामभद्र, तुम किसलिए अब मेरे पास आए हो?" "ऋषिवर, यह दास अब और कहाँ जाए? आप कहिए, मैं क्या करूँ?" "कठिनाई क्या है रामभद्र?" "गुरुदेव, छोटे-छोटे राजाओं की मनमानी से प्रजा में शांति नहीं रहती है।"

"ऋषिवर, यह दास अब और कहाँ जाए? आप कहिए, मैं क्या करूँ?"

"कठिनाई क्या है रामभद्र?"

"गुरुदेव, छोटे-छोटे राजाओं की मनमानी से प्रजा में शांति नहीं रहती है।"

"तब?"

"एकच्छत्र राज्य की बड़ी आवश्यकता है।"

"तुम प्रतापी राजा हो राम! एकच्छत्र राज्य की स्थापना करो।"

"ऋषिवर, मैं अकारण किसी पर चढ़ाई नहीं करूँगा।"

"तब अश्वमेध यज्ञ करो।"

"अश्वमेध?"

"हाँ, रामभद्र!"

"आर्य, मैं भाग्यहीन, पत्नी और पुत्रहीन राजा हूँ। यज्ञ का अधिकारी नहीं।"

"रामभद्र, तुम दूसरा विवाह करो। पत्नी और पुत्र तुम्हें प्राप्त होंगे।"

"हाय, गुरुवर! आप यह क्या कह रहे हैं?" यह कहकर राम रोने लगे। उन्हें रोते देख वसिष्ठ बोले, "रोते हो, रामभद्र?"

"भगवन्, आपने मेरा घाव छू लिया।"

"रामभद्र, तुम तो बालक की भाँति अधीर हो गए, वत्स!"

"गुरुदेव, सीता को त्यागे आज अठारह वर्ष व्यतीत होते हैं।"

"होते तो हैं।"

"आज अठारह वर्षों में मैंने सीता की सुध भी नहीं ली।"

"हुआ तो ऐसा है।"

"मैंने ऐसी निठुराई करके अपने ही ऊपर अत्याचार किया है।"

"अपने ही ऊपर क्यों, भद्र ?"

"हाँ, ऋषिवर! अब आप ऐसी आज्ञा मत दीजिए कि मैं सीता पर अत्याचार करूँ।"

"अब सीता पर और क्या अत्याचार होगा, रामभद्र ?"

"दूसरा विवाह करना सीता पर अत्याचार है।"

"धन्य रामभद्र, धन्य हो तुम! धन्य तुम्हारी निष्ठा! धन्य तुम्हारा प्रेम!"

"तो भगवन्, अश्वमेध नहीं हो सकेगा ?"

"हो सकेगा राम! सीता की सोने की मूर्ति तुम्हारी अर्धांगिनी होगी।"

"ऋषिवर…"

"रामभद्र, शांत हो।"

"सीता की मूर्ति ?"

"हाँ, राम!"

"हाँ, ऋषिवर! अब आप ऐसी आज्ञा मत दीजिए कि मैं सीता पर अत्याचार करूँ।"
"अब सीता पर और क्या अत्याचार होगा, रामभद्र ?"
"दूसरा विवाह करना सीता पर अत्याचार है।"
"धन्य रामभद्र, धन्य हो तुम! धन्य तुम्हारी निष्ठा! धन्य तुम्हारा प्रेम!"
"तो भगवन्, अश्वमेध नहीं हो सकेगा ?"

"मेरे अहोभाग्य भगवन्! मैं उस मूर्ति में पवित्रात्मा सीता को देख पाऊँगा तो ?"

"अवश्य। राम, तुम यज्ञ की तैयारी करो।"

"जो आज्ञा ऋषिवर!"

"और स्वयं महात्मा वाल्मीकि के आश्रम में जाकर उन्हें निमंत्रण दे आओ।"

"जो आज्ञा, परंतु ऋषिवर स्वयं और माताएँ भी चलेंगी तो अच्छा।"

"ऐसा ही हो रामभद्र! मैं उनसे कह दूँगा।"

"तो दास चला। माताओं को मुँह दिखाने की ढिठाई मुझसे न होगी।"

"समय पर सब हो रहेगा, राम! जाओ, अपना कार्य करो। कुंठित न हो।"

"अभिवादन करता हूँ, गुरुदेव!"

"तुम्हारा कल्याण हो, रामभद्र!"

चौबीस

एक दिन भगवान् वाल्मीकि के आश्रम में लव और कुश सीता से जिद करने लगे। लव ने कहा, "माता, आज हम तुमसे वह भेद पूछकर रहेंगे।"

"कौन सा भेद, पुत्र?"

"और, नहीं बताओगी तो रूठ जाएँगे, बोलेंगे नहीं।"

"क्यों मेरे लाल? दुःखिया माँ से रूठोगे?"

"तो बता दो आज।"

"सब ऋषिकुमार हमें चिढ़ाते हैं।"

"हँसी करते हैं। कहते हैं, बताओ, तुम्हारे पिता कौन हैं?"

"प्यारे पुत्रो, तुम्हारे पिता महात्मा वाल्मीकि ही तो हैं?"

"नहीं, माँ! वे हमारे गुरुपद हैं।"

"पुत्रो, गुरु ही पिता होता है।"

"वाह! गुरु तो सभी के गुरु हैं, पर सबके पिता भी तो और हैं? यह हम जानते हैं।"

"क्यों बेटा, अभागिनी माँ पर

"और, नहीं बताओगी तो रूठ जाएँगे, बोलेंगे नहीं।"
"क्यों मेरे लाल? दुःखिया माँ से रूठोगे?"
"तो बता दो आज।"
"सब ऋषिकुमार हमें चिढ़ाते हैं।"
"हँसी करते हैं। कहते हैं, बताओ, तुम्हारे पिता कौन हैं?"
"प्यारे पुत्रो, तुम्हारे पिता महात्मा वाल्मीकि ही तो हैं?"
"नहीं, माँ! वे हमारे गुरुपद हैं।"

विश्वास नहीं करते ?" यह कहते-कहते सीता की आँखें भर आईं।

"रोने क्यों लगीं माता ? तुमसे जब पिताजी का नाम पूछते हैं, तभी तुम रोने लगती हो।"

"मेरे नयन-दुलारो! तुम्हीं मेरे जीवनधन और आँखों के उजाले हो। तुम जीते रहो पुत्रो!"

"तुम हमारी बड़ी अच्छी अम्मा हो! हो न माँ ?"

"अरे पुत्रो! मैं तो तुम्हारी धाय हूँ, दासी।"

"ऐसा न कहो अम्मा!"

"लाल, तुम्हारी माँ तो बड़ी भारी महारानी थी। उनका बड़ा प्रताप था। उनके बड़े-बड़े महल थे। राजधानी थी। हाथी-घोड़े, रथ थे।"

"महल, हाथी, घोड़े कैसे होते हैं, माँ ?"

"बेटे, बड़े होने पर तुम वे सब देखोगे।"

"हम बड़े कब होंगे, अम्मा ?"

"अरे मेरे लाल, अब तुम बड़े हो गए हो।"

"तो हम महल, हाथी, घोड़े कब देखेंगे ?"

"लाल, तुम्हारी माँ तो बड़ी भारी महारानी थी। उनका बड़ा प्रताप था। उनके बड़े-बड़े महल थे। राजधानी थी। हाथी-घोड़े, रथ थे।"
"महल, हाथी, घोड़े कैसे होते हैं, माँ ?"
"बेटे, बड़े होने पर तुम वे सब देखोगे।"
"हम बड़े कब होंगे, अम्मा ?"

"बहुत शीघ्र, पुत्रो!"

"और अम्मा को भी ?"

"हाँ, बेटे!"

"और पिताजी को भी ?"

"उन्हें भी।"

"तो हमारे पिताजी हैं ?"

"हैं।"

"और गुरुपद ?"

"वे तुम्हारे धर्मपिता हैं।"

"और तुम अम्मा ?"

"मैं तुम्हारे पिता की दासी, तुम्हारी धाय।"

"तो हम यहाँ क्यों आ गए, माँ ?"

"भाग्य ले आया, लाल!"

"तुम्हें भी ?"

"मुझे तुम्हारे पिता ने निकाल दिया था।"

"महल से निकाल दिया था ?"

"हाँ, लाल!"

"क्यों अम्मा ?"

"बेटा, वे राजा हैं ?"

"और वे महल में रहते हैं ?"

"हाँ, पुत्र!"

"मैं उनसे नहीं बोलूँगा।"

"पिताजी बड़े बुरे हैं।"

"ऐसा न कहो लाल! तुम्हारे पिता दया और धर्म के अवतार हैं।"

"और हमारी माता ?"

"हाँ, वे, वे भी।"

"हमारी माता तुम हो ?"

"लाल, मैं तुम्हारी दासी हूँ।"

"हाँ, पुत्र!"
"मैं उनसे नहीं बोलूँगा।"
"पिताजी बड़े बुरे हैं।"
"ऐसा न कहो लाल! तुम्हारे पिता दया और धर्म के अवतार हैं।"
"और हमारी माता ?"
"हाँ, वे, वे भी।"
"हमारी माता तुम हो ?"
"लाल, मैं तुम्हारी दासी हूँ।"

"तुम हमारी माँ हो।"

"यह दुःखिया, भिखारिन तुम्हारी माँ! हाय रे भाग्य!"

"माँ, तुम फिर रोने लगीं। मुझे बड़ा होने दो, मैं तुम्हारे लिए एक महल बनवाऊँगा।"

"और मैं हाथी-घोड़े ले आऊँगा।"

इसी समय बहुत से ऋषिकुमार कोलाहल करते हुए वहाँ आ पहुँचे।

एक ऋषिकुमार ने लव से कहा, "कुमार! घोड़ा एक पशु होता है न; ऐसा सुना था। वह आज यहाँ आया है।"

"घोड़ा एक पशु है और वही युद्ध में काम आता है। कहाँ देखा तुमने घोड़ा?"

"आश्रम के उस पार है। उसकी बड़ी सी पूँछ है। उसे वह बार-बार हिला रहा है।"

"उसकी गरदन बड़ी लंबी है।"

"पैर में चार खुर हैं।"

"भूख लगने पर घास खाता है।"

"चलो कुमार, उसे पकड़ लें, बड़ा मजा आएगा।"

"चलो फिर देखें, कैसा है वह घोड़ा।"

लव और कुश दोनों ही ऋषिकुमारों के साथ घोड़ा पकड़ने चल दिए। घोड़े को देखकर लव ने कहा, "हाँ, यही है घोड़ा। ठहरो, मैं इसे बाँधता हूँ। तुम उसे ढेला मारकर रोको।"

सब ऋषिकुमार शोर मचाकर बोले, "आहा हा! बड़ा मजा है!"

"चलो फिर देखें, कैसा है वह घोड़ा।"
लव और कुश दोनों ही ऋषिकुमारों के साथ घोड़ा पकड़ने चल दिए। घोड़े को देखकर लव ने कहा, "हाँ, यही है घोड़ा। ठहरो, मैं इसे बाँधता हूँ। तुम उसे ढेला मारकर रोको।"
सब ऋषिकुमार शोर मचाकर बोले, "आहा हा! बड़ा मजा है!"

शोर सुनकर घोड़ा हिनहिनाया। कुछ सैनिक भी आ पहुँचे।

एक सैनिक ने ऋषिकुमार को देखकर कहा, "किसे अपनी जान भारी हुई है, जिसने अश्वमेध का घोड़ा रोका है! तुमने क्या महाप्रतापी राजा राम का नाम नहीं सुना, जिन्होंने रावण का सवंश नाश कर दिया? उनसे जो वीर लोहा ले, यह घोड़ा रोके।"

कुश ने दर्प से उत्तर दिया, "अरे यह तो घमंड की बातें करता है। सैनिको, क्या तुम्हारे महाराज सा कोई शूर नहीं है?"

दूसरा सैनिक बोल उठा, "अरे ऋषिकुमार, क्यों गाल बजाते हो? कुमार चंद्रकेतु इस घोड़े की रखवाली कर रहे हैं। वे जब तक आवें, उससे पहले ही घोड़े को छोड़ दो और यहाँ से खिसक जाओ। इसी में भला है।"

सैनिक की यह बात सुनकर ऋषिकुमारों ने लव से कहा, "छोड़ दो कुमार, इनके चमकीले शस्त्रों से हमें डर लगता है। चलो, हम सब छलाँगें मारते भाग चलें।"

लव ने हँसकर उनका विरोध करके कहा, "क्या चमकीले शस्त्रों से हम डरते हैं? हमारे पास भी तो धनुष है।"

यह कहकर लव ने अपने धनुष पर डोरी चढ़ा ली और उसे टंकारने लगा।

ऋषिकुमारों ने देखा कि लव को क्रोध आ गया है। उसने सैनिकों का भय नहीं किया, बाण छोड़ने लगा। सैनिक घायल होकर चिल्लाने लगे।

कोलाहल सुनकर घोड़े के रखवाले कुमार चंद्रकेतु ने उसी दिशा में अपना रथ दौड़ाया। चंद्रकेतु ने सारथी से कहा, "आर्य सुमंत, हमारा रथ उसी वीर ऋषिकुमार के सामने ले चलिए। अरे, यह तो रघुवंशियों की भाँति लड़ रहा है!"

ऋषिकुमारों ने देखा कि लव को क्रोध आ गया है। उसने सैनिकों का भय नहीं किया, बाण छोड़ने लगा। सैनिक घायल होकर चिल्लाने लगे। कोलाहल सुनकर घोड़े के रखवाले कुमार चंद्रकेतु ने उसी दिशा में अपना रथ दौड़ाया। चंद्रकेतु ने सारथी से कहा, "आर्य सुमंत, हमारा रथ उसी वीर ऋषिकुमार के सामने ले चलिए। अरे, यह तो रघुवंशियों की भाँति लड़ रहा है!"

"क्या कहने हैं! यह ऋषिकुमार महावीर है।"

"परंतु उस अकेले पर इतनों का इकट्ठा होकर हल्ला बोलना तो ठीक नहीं।"

"पर वे सब उसका कर ही क्या सकते हैं। वह तो सबको मारे डाल रहा है। हमारे सैनिक तो भागने लगे।"

"तो शीघ्रता कीजिए आर्य! हमारा रथ शीघ्र वहाँ पहुँचाइए।"

"अच्छा कुमार लो, वह वीर तुम्हारी ललकार सुनकर यहीं आ गया।"

लव ने रथ के सम्मुख पहुँचकर कहा, "कुमार चंद्रकेतु, लो मैं ही स्वयं आ गया हूँ। मैंने आपके सब सैनिकों को परास्त कर दिया है। अब आपसे युद्ध करूँगा।"

चंद्रकेतु ने लव को देखकर कहा, "ठहरो ऋषिकुमार! तुम पैदल और मैं रथ पर, यह ठीक नहीं है। मैं भी नीचे आता हूँ। आर्य, रथ रोक दीजिए। मैं पैदल लड़ूँगा।"

"इस वीर ऋषिकुमार का आदर करने के लिए। ऋषिकुमार, यह रघुवंशी चंद्रकेतु आपका अभिवादन करता है।"
लव ने कहा, "कुमार, इतना आदर दिखाने की क्या आवश्यकता है? आप रथ पर चढ़े ही अच्छे लगते हैं।"
"तो आप भी एक रथ पर चढ़िए।"
"अरे, हम वनवासी रथ पर चढ़ना क्या जानें?"

सुमंत ने पूछा, "किसलिए कुमार?"

"इस वीर ऋषिकुमार का आदर करने के लिए। ऋषिकुमार, यह रघुवंशी चंद्रकेतु आपका अभिवादन करता है।"

लव ने कहा, "कुमार, इतना आदर दिखाने की क्या आवश्यकता है? आप रथ पर चढ़े ही अच्छे लगते हैं।"

"तो आप भी एक रथ पर चढ़िए।"

"अरे, हम वनवासी रथ पर चढ़ना क्या जानें?"

सुमंत ने कहा, "धन्य ऋषिकुमारो! आपकी विनय धन्य है!"

"कुमार, सुना है महाराज राम को अभिमान नहीं है, फिर उनके सेवक क्यों अभिमान करते हैं?"

"अश्वमेध के घोड़े को रोकना रार ठानना ही है। जो लड़ना चाहे, वही घोड़े को रोके।"

"क्षत्रिय तो पृथ्वी पर और भी हैं।"

सुमंत ने लव को टोककर कहा, "ऋषिकुमार, तुम छोटे मुँह बड़ी बात करते हो।"

लव हँस दिया, “तो आर्य, परशुराम को तो महाराज ने मीठी-मीठी बातों से ही जीता था।”

चंद्रकेतु ने क्रोधपूर्वक कहा, “अरे, बड़ों की निंदा करता है?”

“अरे, मुझको ही आँख दिखाता है?”

“अब इसका निर्णय शस्त्र करेंगे।”

“उठाओ शस्त्र।”

चंद्रकेतु और लव में युद्ध होने लगा। लव बड़े कौशल से चंद्रकेतु के बाण काटकर प्रहार करने लगा। इसी बीच राम वहाँ आ पहुँचे। उन्होंने कहा, “पुत्रो, लड़ाई रोक दो।”

चंद्रकेतु ने राम को देखकर कहा, “अरे, महाराज स्वयं ही पधारे हैं!”

लव ने भी हाथ रोककर कहा, “सच, तब चलो। पूज्य चरणों में प्रणाम करें।”

राम ने उन्हें देखकर कहा, “अरे पुत्रो, तुम्हारे घाव तो नहीं लगा?”

चंद्रकेतु ने उत्तर दिया, “नहीं महाराज, अब हम मित्र हो गए।”

“बहुत अच्छा किया। तुम्हारा मित्र तो वीर-धीर दिखता है, वत्स!”

लव बोला, “महाराज, वाल्मीकि-शिष्य आपका अभिवादन करता है।”

चंद्रकेतु और लव में युद्ध होने लगा। लव बड़े कौशल से चंद्रकेतु के बाण काटकर प्रहार करने लगा। इसी बीच राम वहाँ आ पहुँचे। उन्होंने कहा, “पुत्रो, लड़ाई रोक दो।” चंद्रकेतु ने राम को देखकर कहा, “अरे, महाराज स्वयं ही पधारे हैं!” लव ने भी हाथ रोककर कहा, “सच, तब चलो। पूज्य चरणों में प्रणाम करें।” राम ने उन्हें देखकर कहा, “अरे पुत्रो, तुम्हारे घाव तो नहीं लगा?”

“आयुष्मान् होओ। आओ कुमार, मेरी गोद में बैठो। तुम्हें देखकर तो जैसे प्राण हरे गए। तुम्हारा नाम क्या है?”

“आर्य, दास का नाम ‘लव’ है। हाय, श्रीमहाराज तो मुझसे इतना प्यार करते हैं और मैं लड़ बैठा।”

"पुत्र, तुम्हारी वीरता तुम्हें ही सजती है। कुमार, तुम किस भाग्यवान के पुत्र हो ?"

"महाराज, हम भगवान् वाल्मीकि के पुत्र हैं।"

"तो तुम अकेले हो ?"

"नहीं महाराज, बड़े भाई आर्य कुश हैं। आर्य कुश, स्वयं महाभाग महाराजा रघुपति यहाँ विराजमान हैं, उन्हें अभिवादन कीजिए।"

कुश ने आगे बढ़कर कहा, "क्या यही रामायण के नायक महाराज महाभाग राम हैं? महाराज, यह वाल्मीकि-पुत्र कुश आपका अभिवादन करता है।"

कुश ने आगे बढ़कर कहा, "क्या यही रामायण के नायक महाराज महाभाग राम हैं? महाराज, यह वाल्मीकि-पुत्र कुश आपका अभिवादन करता है।"

"आयुष्मान् होओ! अरे, मेरे दाहिने अंग फड़कने लगे! इन बालकों को देखकर तो इन्हें छाती से लगाने को जी चाहता है। आओ आयुष्मानो, यहाँ हमारी गोद में बैठो।"

"आयुष्मान् होओ! अरे, मेरे दाहिने अंग फड़कने लगे! इन बालकों को देखकर तो इन्हें छाती से लगाने को जी चाहता है। आओ आयुष्मानो, यहाँ हमारी गोद में बैठो।"

"महाराज, धूप बहुत तेज है। आइए, इस साल के पेड़ की छाँह में बैठिए।"

"अच्छा पुत्र, चलो।" अहा, इन बच्चों की मुखाकृति देवी सीता से कितनी मिलती है। हाय, मेरे पुत्र भी इतने बड़े हुए होते! पर अब इन बातों से क्या? हाय! देवी सीता!

"महाराज, क्या सोच रहे हैं? यह क्या? महाराज तो रो रहे हैं!"

"कुछ नहीं पुत्रो, कुछ नहीं। यह अभागा मन तो यों ही अधीर हो जाता है। हाँ, यह तो कहो। सुना है, महात्मा वाल्मीकि एक काव्य रच रहे हैं—रामायण ?"

"हाँ, महाराज! उसमें श्रीमहाराज का ही तो वर्णन है।"

"कैसा वर्णन है, सुनूँ तो।"

"एक श्लोक तो आज ही पढ़ा है।"

"सुनाओ पुत्रो, कैसा श्लोक है?"

कुश ने गाकर सुनाया—

"सीताजी श्रीराम की प्रिया रही अत्यंत।
सीताजी के गुणों से बढ़ा प्यार नित नित्य॥"

राम ने उसे सुनकर अनुताप से कहा, "हाय, देवी सीते, तुम ऐसी ही थीं!"

एक ऋषिकुमार ने दूर से पुकारकर कहा, "अरे मित्रो, तुम नहीं जानते। आज आश्रम में बड़े-बड़े अतिथि आए हैं। इसी से गुरुजी ने हमें छुट्टी दे दी है।"

लव ने पूछा, "कौन-कौन आए हैं?"

कुश ने उधर देखकर कहा, "अरे, वे सब तो इधर ही आ रहे हैं।"

लव ने सबसे आगे वाले को देखकर पूछा, "पर इन सबके आगे वस्त्र लपेटे हुए ये कौन हैं?"

राम ने उनकी अभ्यर्थना में उठते हुए बताया, "ये महात्मा वसिष्ठ हैं। इनके साथ भगवती अरुंधती और माता कौशल्या भी हैं। हाय, मुझ पर तो विपत्ति का पहाड़ टूट पड़ा। अब कहाँ पापी मुँह छिपाऊँ? अरे पुत्रो; इन गुरुजनों को आगे बढ़कर सत्कारपूर्वक प्रणाम करो।"

लव ने सबसे आगे वाले को देखकर पूछा, "पर इन सबके आगे वस्त्र लपेटे हुए ये कौन हैं?"

राम ने उनकी अभ्यर्थना में उठते हुए बताया, "ये महात्मा वसिष्ठ हैं। इनके साथ भगवती अरुंधती और माता कौशल्या भी हैं। हाय, मुझ पर तो विपत्ति का पहाड़ टूट पड़ा। अब कहाँ पापी मुँह छिपाऊँ? अरे पुत्रो; इन गुरुजनों को आगे बढ़कर सत्कारपूर्वक प्रणाम करो।"

यह सुन सब कुमार आगे बढ़े, राम एक ओर को हट गए।

कौशल्या ने कहा, "अहा, देखो, आज इन ऋषिकुमारों को छुट्टी हो गई है। बेचारे मग्न होकर खेलकूद कर रहे हैं। अरे, इनके बीच यह कौन देवता के समान बैठा था? कहीं मेरे राम तो नहीं? गुरुदेव, आप तो राम को पहचानते हैं। लो, वे हमें देखकर खिसक गए। हाय राम!"

वसिष्ठ बोले, "रामभद्र ही हैं। महारानी, तुमने इन दोनों बालकों को भी

देखा, जो उनके कंधे पर हाथ धरे खड़े थे? लो, वे सब इधर आ रहे हैं।"

कौशल्या ने फिर पूछा, "ऋषिवर, ये दोनों बालक कौन हैं? ये तो क्षत्रिय बालक दीख पड़ते हैं, पीठ पर तरकश, हाथ में धनुष, सिर पर जटा, मजीठ से रँगी धोती, मूँज की करधनी, पीपल का डंडा।"

"ये क्षत्रिय कुमार ही हैं, महारानी!"

कौशल्या ने आँखों में आँसू भरकर कहा, "राम जब इतने बड़े थे तो बिल्कुल ऐसे ही थे। हाय राम!"

"चलो महारानी! हम सब महात्मा वाल्मीकि के पास चलकर अपने संदेह दूर करें।"

"चलिए ऋषिवर!"

पच्चीस

सीता ने सखी वासंती से पूछा, "अरी सखी, सुना है, वे आए हैं।"

"कौन देवी?"

"वही, मेरे जीवन-धन, प्राणों के प्रिय, महाराज रघुपति।"

"सुना तो मैंने भी है। तो देवी, तुम गंगा में स्नान करके नई मृगछाला पहन लो। लाओ, मैं तुम्हारे उलझे हुए बालों को गूँथ दूँ, फूलों से सजा दूँ।"

"क्यों सखी? यह किसलिए?"

"देवी, एक बार आँख भरके मैं तुम्हें वनदेवी के रूप में देखना चाहती हूँ। हाय, मुरझाई हुई बेल की तरह तुम्हारी सोने की देह…"

"सखी, यह देह आज मैं गंगा में विसर्जन करूँगी।"

"ऐसी बात न कहो देवी! तुम्हारा यह पुण्य शरीर…"

"यह पापी शरीर…"

"नहीं, नहीं। पति और पुत्र के रहते ऐसा न कहो। पर महाराज को ऐसा नहीं करना चाहिए था।"

"प्यारी सखी, रघुकुल-कमल की निंदा मत करो।"

"धन्य सती, आज भी तुम्हारे मन में उनके लिए वैसा ही प्यार है।"

"प्यार की अमृतधारा पीकर अठारह वर्ष से जी रही हूँ, सखी, पर आज मैं मरूँगी।"

"चुप रहो देवी! ऐसी बातें न करो।"

"मैं कैसे उन्हें पापी मुँह दिखाऊँगी। मैं अनाथ हूँ।"

"महाराज के रहते?"

"हाय रे, मेरा भाग्य!"

इसी समय सीता को राम की ध्वनि सुनाई दी। राम सीता को ढूँढ़ते हुए कह रहे थे, "सीता, तुम कहाँ हो?"

सीता उस ध्वनि को पहचानकर बोली, "अरे, यह तो वही पुरानी पहचानी हुई बोली है! इतने दिनों बाद आज कानों में फिर अमृतवर्षा हुई।"

"देवी, सँभल जाओ। वे इधर ही आ रहे हैं।"

इसी समय सीता को राम की ध्वनि सुनाई दी। राम सीता को ढूँढ़ते हुए कह रहे थे, "सीता, तुम कहाँ हो?" सीता उस ध्वनि को पहचानकर बोली, "अरे, यह तो वही पुरानी पहचानी हुई बोली है! इतने दिनों बाद आज कानों में फिर अमृतवर्षा हुई।" "देवी, सँभल जाओ। वे इधर ही आ रहे हैं।"

"हाँ, वे ही हैं। कितने दुर्बल हो गए हैं! मुँह पीला हो गया है। बाल पक गए हैं। सखी, मेरा सिर घूम रहा है।"

राम की ध्वनि फिर सुनाई दी, "हाय सीता! प्यारी सीता!"

सीता ने चीत्कार किया, "हाय आर्यपुत्र!"

राम ने और भी कहा, "अरे, मेरे सुख-दुःख की संगिनी जनकदुलारी सीता…"

यह कहते-कहते वे मूर्च्छित होकर गिर पड़े। सीता ने उन्हें दूर से मूर्च्छित होते देखा। घबराकर बोली, "अरी सखी, वे तो इस अभागिनी को पुकारते-पुकारते ही मूर्च्छित हो गए।"

"चलो देवी, उनका कुछ यत्न करें।"

"सखी, मेरा हाथ पकड़कर चलो। मेरी आँखें आँसुओं से अंधी हो रही हैं

और मेरे पाँव लड़खड़ा रहे हैं।"

दोनों मूर्च्छित राम के पास आ पहुँचीं।

वासंती ने कहा, "देवी, महाराज के शरीर पर धीरे-धीरे हाथ फेरो।"

राम मूर्च्छा में बड़बड़ाने लगे, "चंद्रमा नहीं है। दूर तारे टिमटिमा रहे हैं। सन्नाटा छा रहा है। नगरवासी सो रहे हैं। पर उनके राजा की आँखों में नींद नहीं है। कितने दिन बीत गए, सीता, कहाँ हो? कहाँ हो? आओ सीते, आओ। सोने की सीता, तुम हँसतीं-रोतीं भी तो नहीं। क्या क्रुद्ध हो? या इस अधम दास को अब भी प्यार करती हो? कुछ पता नहीं। हँसो, हँसो प्राणेश्वरी! मेरी सोने की सीता, हँसो तो तनिक। मैं समझ लूँ कि तुम्हारा प्यार मेरे लिए अभी है।"

सीता ने वासंती से कहा, "अरी सखी, आर्यपुत्र का यह विलाप तो सहा नहीं जाता। कैसे इन्हें चैतन्य करूँ?"

"देवी, धीरे-धीरे महाराज के शरीर पर हाथ फेरो।"

राम उस स्पर्श का अनुभव कर बुदबुदाए, "अहा! यह किसने छुआ? प्राण हरे हो गए! सूखते धान पर पानी पड़ा। बोलो सीते, बोलो, एक बार वह मीठा स्वर, जिसे सुनने को तरस रहा हूँ। अरी प्रियंवदा सीते!"

"देवी, धीरे-धीरे महाराज के शरीर पर हाथ फेरो।" राम उस स्पर्श का अनुभव कर बुदबुदाए, "अहा! यह किसने छुआ? प्राण हरे हो गए! सूखते धान पर पानी पड़ा। बोलो सीते, बोलो, एक बार वह मीठा स्वर, जिसे सुनने को तरस रहा हूँ। अरी प्रियंवदा सीते!"

सीता ने रोते-रोते कहा, "इतने दिन बाद सुध ली। आर्यपुत्र, अभागिन दासी तो चरणों ही में है।"

"कौन बोला यह? कितना मधुर! कितना प्रिय!"

सीता वासंती से रोती हुई कहने लगी, "अरी सखी, आर्यपुत्र की मूर्च्छा टूट रही है। अब चलो यहाँ से।"

राम बुदबुदाए, "वही-वही-वही स्वर है। सीता प्रिये, संध्या हो रही है। पृथ्वी सुनहरी रँग गई है। उस बरगद की डालियों की जड़ें, धरती को चूम रही हैं। कौन पक्षी गा रहा है? पंपा सरोवर…"

सीता ने कहा, "सखी, आर्यपुत्र पुरानी बातों के सपने देख रहे हैं।"

"यही तो पंचवटी है। यहीं तो हमारी कुटिया थी। उसमें सीता रहती थी··· सीते! ओ प्रियंवदा सीते!"

"हाय, सुप्राणेश्वर, वह अधम दासी जीती-जागती यहीं है।"

"कहाँ? कौन तुम? मैं? कहाँ···"

वासंती ने राम के सिर पर हाथ रखकर कहा, "महाराज, सावधान होइए। ये देवी सीता हैं।"

"देवी सीता?"

"हाँ, महाराज!"

राम ने आँख खोलकर सीता को देखा। सीता को उस वेश में देखकर राम का मन हाहाकार कर उठा। वे बोले, "देवी, तुम्हारा यह मलिन वेश, उलझे हुए बाल! तो तुम देवी सीता हो?"

"हाँ, यह अभागिनी आपकी दासी सीता है।"

"जनक की राजदुलारी?"

"हाँ, आर्यपुत्र!"

"हाय प्रिये, मेरे रहते तुम्हारी यह दशा हो गई। अरे, देवी का यह रूप देखने से पूर्व ही मेरी आँखें फूट जाएँ।"

"देवी सीता?" "हाँ, महाराज!" राम ने आँख खोलकर सीता को देखा। सीता को उस वेश में देखकर राम का मन हाहाकार कर उठा। वे बोले, "देवी, तुम्हारा यह मलिन वेश, उलझे हुए बाल! तो तुम देवी सीता हो?" "हाँ, यह अभागिनी आपकी दासी सीता है।"

"महाराज, इस जन्म में दर्शन हो गए। जीवन सफल हो गया। अरे, वे भगवती अरुंधती और माता कौशल्या इधर ही आ रही हैं।"

"उन्हें यह अधम राम कैसे मुँह दिखलाएगा।"

इसी समय वहाँ कौशल्या और अरुंधती भी आ पहुँचीं।

कौशल्या ने अरुंधती से पूछा, "भगवती, वे रामचंद्र ही हैं न? अब तो पहचाने भी नहीं जाते। अरे पुत्र राम!"

अरुंधती ने कहा, "महारानी, वहाँ सौभाग्यवती सीता भी हैं।"

"तो सचमुच पुत्र और बहू में मेल हो ही गया।"

"हाँ महारानी, आओ, रामचंद्र का संकोच दूर करें।" वे और आगे बढ़ीं। राम ने माता को देखकर कहा, "माता, यह कुपुत्र राम आपके चरणों में अभिवादन करता है।"

"रामचंद्र, मेरे पुत्र, आओ। मेरी छाती को ठंडी करो। अरी बेटी सीता, मेरी सुलक्षणा बहू, अरी तपस्विनी, तू धन्य है!"

"पूज्ये, आपकी दासी सीता अभिवादन करती है!"

अरुंधती और कौशल्या ने आशीर्वाद देते हुए कहा, "सौभाग्यवती रहो। रामचंद्र, तो तुमने सीता को ग्रहण किया न पुत्र?"

एक ऋषिकुमार ने आकर सूचना दी कि विदेहराज जनक आप लोगों से मिलने आ रहे हैं। यह सुन कौशल्या ने भय से कहा, "हाय! मैं कैसे उन राजर्षि को मुँह दिखलाऊँगी?"

राम बोले, "माता अपराधी तो मैं हूँ। मैंने ही तो जनकदुलारी को अनाथ बनाया।"

राजा जनक आ पहुँचे। उन्होंने प्रणाम करते हुए कहा, "भगवती अरुंधती, सीरध्वज जनक आपको प्रणाम करता है। अरे, क्या प्रजा पालनेवाले राजा की माता भी यहीं हैं और मेरी बेटी सीता भी? हाय, मेरी प्यारी बच्ची!"

अरुंधती और कौशल्या ने आशीर्वाद देते हुए कहा, "सौभाग्यवती रहो। रामचंद्र, तो तुमने सीता को ग्रहण किया न पुत्र?" एक ऋषिकुमार ने आकर सूचना दी कि विदेहराज जनक आप लोगों से मिलने आ रहे हैं। यह सुन कौशल्या ने भय से कहा, "हाय! मैं कैसे उन राजर्षि को मुँह दिखलाऊँगी?"

राजा जनक की बातों में उलाहना समझकर कौशल्या मूर्च्छित होकर गिर पड़ीं।

अरुंधती ने कहा, "महाराज, महारानी कौशल्या ने तो इसी क्रोध से अठारह बरस तक रामचंद्र का मुँह नहीं देखा। रामचंद्र ने भी अपवाद के भय से यह काम किया था।"

जनक ने पश्चात्ताप के स्वर में कहा, "मैंने बहुत कठोर बात कह दी, बुरा किया। यह महात्मा दशरथ की पत्नी बड़ी सती हैं। अरे मित्र दशरथ, तुम्हीं स्वर्ग में अच्छे रहे। हम जीवित रहकर यहाँ दुःख भोग रहे हैं।"

परंतु कौशल्या की चेतना शीघ्र ही लौट आई। उन्होंने कहा, "बेटी जानकी, जब तू नई बहू बनकर महल में आई थी, उस समय का तेरा हीरे-मोतियों से सजा हुआ हँसता मुख मुझे याद है। स्वर्गवासी महाराज तो तुझे अपनी कन्या ही कहा करते थे। आज हमारे रहते तेरी यह दशा हो गई!"

अरुंधती ने धीरज बँधाते हुए कहा, "महारानी, धीरज धरो। अंत में सब भला होगा।"

इसी समय एक ऋषिकुमार ने आकर सूचना दी, "गुरुदेव वाल्मीकि सबको स्मरण कर रहे हैं। वहीं महामुनि वसिष्ठ भी बैठे हैं।"

अरुंधती ने कहा, "चलो रामचंद्र! महारानी और विदेहराज चलो। बेटी सीता, सब कोई महात्मा वाल्मीकि के पास चलें।"

सब चलकर वाल्मीकि के पास आए।

अरुंधती ने धीरज बँधाते हुए कहा, "महारानी, धीरज धरो। अंत में सब भला होगा।" इसी समय एक ऋषिकुमार ने आकर सूचना दी, "गुरुदेव वाल्मीकि सबको स्मरण कर रहे हैं। वहीं महामुनि वसिष्ठ भी बैठे हैं।"

राम बोले, "ऋषिवर, आपके चरणों में यह अधम राम अभिवादन करता है।"

"राजा राम, तुम्हारी जय हो। कहो, राज्य में सब कुशल तो है?"

"आपकी दया से सब कुशल है।"

"सुना राजन्, तुम अश्वमेध यज्ञ कर रहे हो।"

"हाँ भगवन्! मैं आपको निमंत्रण देने आया हूँ।"

"बहुत अच्छी बात है। हाँ! महाराज, इस यज्ञ में राज की रानी कौन है?"

"सीता की सोने की मूर्ति।"

"क्या कहा?"

"सोने की सीता।"

"सच?"

"सच।"

"धन्य हो रामभद्र!"

"गुरुदेव मैं पत्नीद्रोही महापापी हूँ।"

लव-कुश ने आकर ऋषि से कहा, "गुरुदेव, हमसे अपराध हो गया।"

"कैसा अपराध, पुत्रो?"

"हमसे इन अतिथियों का अपमान हो गया।"

"कैसा अपमान, बच्चो?"

"हमने अनजाने में अश्वमेध का घोड़ा पकड़ लिया और कुमार चंद्रकेतु से युद्ध कर बैठे।"

"बच्चो, मैंने तुम्हारे वे अपराध क्षमा कर दिए। ऋषिवर, ये दोनों कुमार किस कुल के हैं? इन्हें देखकर तो हृदय उछलता है।"

"महाराज राम, ये तुम्हारे ही समान उच्चकुल के हैं।"

राम ने उत्तेजित होकर कहा, "क्या कहा, गुरुदेव!"

"शांत हो भद्र! ये दोनों तुम्हारी ही संतान हैं। पुत्र लव-कुश! अपने प्रतापी पिता को प्रणाम करो।"

"अरे, मेरे पुत्र! आओ बेटो! छाती से लग जाओ। हाय रे राजधर्म! सबका अपनी संतान और बच्चों पर अधिकार होता है, केवल राजा का नहीं।"

"तो राम! तुमने अपने पुत्रों को तो ग्रहण किया न?"

"हाँ, गुरुदेव!"

"और सीता को?"

"सीता, सीता, भगवती सीता, हाय!"

"राम! तुम्हें संकोच क्या है?"

"ऋषिवर! जो कारण तब था, वही तो अब भी है।"

"रामभद्र! सीता पर यह बड़ा अन्याय है।"

"भगवन्! इस राजधर्म पर ही धिक्कार है।"

वाल्मीकि ने क्रोध से कहा, "अरे, राजा! यह सती अठारह वर्ष तक तुम्हारे

लिए रोती रही है। चातक की भाँति रट लगाए रही है। अरे, इसके पीले और उदास मुख की ओर तो देखो।"

जनक चीत्कार कर उठे, "हाय, बेटी!"

कौशल्या ने रोते-रोते कहा, "इतने बड़े राजा की रानी, वीर पुत्रों की माता, रघुकुल की बहू की आज यह दुर्दशा!"

राम सिर झुकाए बोले, "माता! मैं राजधर्म में बँधा हूँ। जब तक प्रजा को विश्वास⋯।"

जनक उत्तेजित हो उठे, "क्या कहा? विश्वास! अरे, मेरी बेटी पर अविश्वास?"

सीता ने बाधा देकर कहा, "पिताजी ठहरिए। आर्यपुत्र को मैं फिर से अपनी परीक्षा दूँगी।"

राम ने कहा, "यदि वह परीक्षा यहाँ बैठे गुरुजनों की दृष्टि में ठीक हुई तो मैं तुम्हें ग्रहण करूँगा।"

"सब सावधान होकर देखें, मैं परीक्षा देती हूँ⋯।"

"माता वसुंधरे! जो मैंने आज तक पति को छोड़कर और किसी का भी ध्यान किया हो, कभी स्वप्न में भी पति पर क्रोध किया हो, यदि मैं पवित्र सती हूँ, तो वसुंधरे माँ! तुम अभी फट जाओ और मुझे अपनी गोद में ले लो।"

कौशल्या ने रोते-रोते कहा, "इतने बड़े राजा की रानी, वीर पुत्रों की माता, रघुकुल की बहू की आज यह दुर्दशा!" राम सिर झुकाए बोले, "माता! मैं राजधर्म में बँधा हूँ। जब तक प्रजा को विश्वास⋯।" जनक उत्तेजित हो उठे, "क्या कहा? विश्वास! अरे, मेरी बेटी पर अविश्वास?" सीता ने बाधा देकर कहा, "पिताजी ठहरिए। आर्यपुत्र को मैं फिर से अपनी परीक्षा दूँगी।"

सीता की बात समाप्त होते ही बड़े जोर की गड़गड़ाहट हुई। भूचाल सा आ गया। सब चिल्लाने लगे। धरती फट गई और सीता उसमें समा गई।

□

राम-भाष्यम्

राम

उत्तर-पूर्व से अफगानिस्तान, पामीर, सिंध और पंजाब तक भारत में देवों के प्रथम भारतीय सम्राट् इंद्र का राज्य था।

इंद्र का यह साम्राज्य दैत्यों और दानवों के राज्यों की सीमा से लगा हुआ था और आगे दिन इन देश वालों से इंद्र के युद्ध हुआ करते थे। बृहस्पति उसके कुलगुरु थे। उनकी पत्नी का नाम तारा था। असुर याजक चंद्र उसका वनस्पतियों का अधिपति था। उसका बृहस्पति की पत्नी तारा से संबंध स्थापित हो गया और वह उसे भगा ले गया। इसी बात पर झगड़ा बढ़ गया। चंद्र का पक्ष दैत्यों ने लिया और अंत में एक देवासुर-संग्राम हुआ, जो 'तारकामय युद्ध' के नाम प्रख्यात है। इस युद्ध में चंद्र ने दैत्य-दानवों की सहायता से इंद्र को हरा दिया, पर अंत में संधि हुई और तारा बृहस्पति को लौटा दी गई। परंतु वह गर्भवती थी और गर्भ चंद्रमा का था। जब उसने पुत्र को जन्म दिया तो उसे चंद्र को दे दिया गया। इस बालक का नाम 'बुध' रखा गया। युवा होने पर वैवस्वत मनु नामक एक आर्य नेता ने, जो सूर्य का पुत्र था, अपनी पुत्री इला उसे ब्याह दी। परंतु अपवाद और वैमनस्य के कारण मनु और बुध दोनों ही को इंद्र की राजधानी एलम में रहना असंभव हो गया और श्वसुर-दामाद ने पश्चिमोत्तर के दुर्गम दर्रों को पार कर भारत में प्रवेश किया। भारत में आकर सरयू तट पर मनु ने अयोध्या नगरी बसाकर अपने पिता के नाम पर 'सूर्यवंश' की गद्दी स्थापित की और बुध ने अपने पिता के नाम पर 'चंद्रवंश' की गद्दी स्थापित कर गंगा-जमुना के संगम पर प्रतिष्ठान नगरी

बसाई। धीरे-धीरे इन दोनों के वंशों की अनेक शाखाएँ फैलीं, जो चंद्रमंडल और सूर्यमंडल के नाम से विख्यात हुईं। दोनों मंडलों का संयुक्त नाम आर्यावर्त पड़ा। सूर्यवंश के उत्तर कोशल राजवंश की 39वीं पीढ़ी में राम का जन्म हुआ।

हरिवंश से पता चलता है कि मुद्गल, सृंजय, वृहदिषु, क्रिमिलाश्व और जयीनर ने पांचाल राज्य स्थापित किया। सहदेव (38) के दो भाई प्रस्तोक और पिजवन थे। पुत्र सोमक था। पिजवन के पुत्र प्रसिद्ध वैदिक राजा सुदास हैं। ऐसा प्रतीत होता है कि इस काल में यह राज्य मुद्गल, कांपिल्य, दिवोदास, प्रस्तोक और सहदेव (38) में बँट गया था। दिवोदास यद्यपि सुदास के दूर के चचा होते थे, पर उनका मेलजोल सुदास से इतना था कि वे सुदास के पिता कहे गए। इसमें संदेह नहीं कि वैदिक सुदास राम के समकालीन हैं। इसका समर्थन इस बात से भी होता है कि इस वंश की 37वीं पीढ़ी के राजा सृंजय की दो पुत्रियाँ भजमान यादव (44) को ब्याही गई थीं। भजमान के पितामह सत्यवंत राम के समकालीन थे। इस वंश के ऋक्ष (34) के पुत्र भृम्यश्व व उनके पुत्र मुद्गल और कांपिल्य थे। मुद्गल को निषधपति नल की पुत्री इंद्रसेना ब्याही गई थी। ये मुद्गल युद्धकर्ता और वेदर्षि थे। इन्हीं के पुत्र वेद में विख्यात बध्रश्व के पुत्र दिवोदास थे तथा कन्या अहिल्या शरद्वंत गौतम को ब्याही थी। राम ने अहिल्या का उद्धार किया था और दशरथ ने दिवोदास को शंबर असुर से युद्ध करने में सहायता दी थी। वेद ने सुदास को दिवोदास और पिजवन दोनों का पुत्र कहा है। संभव है कि दिवोदास ने उन्हें गोद लिया हो। दिवोदास के पुत्र थे—मित्रायुस, पौत्र थे—सोम और प्रपौत्र मैत्रेयस। वाजसनेयी भरद्वाज (वैदिक ऋषि) के मंत्रों

हरिवंश से पता चलता है कि मुद्गल, सृंजय, वृहदिषु, क्रिमिलाश्व और जयीनर ने पांचाल राज्य स्थापित किया। सहदेव (38) के दो भाई प्रस्तोक और पिजवन थे। पुत्र सोमक था। पिजवन के पुत्र प्रसिद्ध वैदिक राजा सुदास हैं। ऐसा प्रतीत होता है कि इस काल में यह राज्य मुद्गल, कांपिल्य, दिवोदास, प्रस्तोक और सहदेव (38) में बँट गया था।

में आता है कि दिवोदास, प्रस्तोक और अभ्यवर्तिन चायमान ने उनका सत्कार किया। दशरथ दिवोदास के समकालीन हैं। भरद्वाज के पुत्र पायु और शुनहोत्र थे। वैदिक ऋषि गृत्समद शुनहोत्र के पुत्र थे। अहिल्या के पुत्र शतानंद सीरध्वज जनक के पुरोहित थे।

इक्ष्वाकु के सौ पुत्र कहे जाते हैं, जिनमें इनके बाद विकुक्षि अयोध्या के राजा हुए, जो राजर्षि भी कहाते थे। इसके पुत्र पुरंजय ने युद्ध में इंद्र की सहायता की थी। विश्वगश्व का हयदल अजेय था। श्रावस्त (10) ने श्रावस्ती बसाई। कुवलयाश्व (12) ने धुंध राक्षस को मारा। युवनाश्व महायज्ञकर्ता तथा उनके पुत्र मांधातृ चक्रवर्ती थे। इनका विवाह शशिबिंदु पौरव महाराज की पुत्री बिंदुमती से हुआ। इनका दस लाख का हयबल था और इन्होंने लंका, अफ्रीका (कुशद्वीप) तथा दक्षिण महासागर के द्वीप समूहों को जय किया था। वे बड़े न्यायी, दानी और प्रबंधक थे। इनकी हत्या मथुरा के असुर राजा ने वन में एकाकी पाकर की। पुरुकुत्स और त्रसदस्यु वैदिक नरेश हैं। नाभाग ने वेश्या स्त्री से विवाह किया। अंबरीश दुर्धर्ष योद्धा थे। दिलीप, रघु और अज प्रतापी नरेश थे।

इक्ष्वाकु के सौ पुत्र कहे जाते हैं, जिनमें इनके बाद विकुक्षि अयोध्या के राजा हुए, जो राजर्षि भी कहाते थे। इसके पुत्र पुरंजय ने युद्ध में इंद्र की सहायता की थी। विश्वगश्व का हयदल अजेय था। श्रावस्त (10) ने श्रावस्ती बसाई। कुवलयाश्व (12) ने धुंध राक्षस को मारा। युवनाश्व महायज्ञकर्ता तथा उनके पुत्र मांधातृ चक्रवर्ती थे। इनका विवाह शशिबिंदु पौरव महाराज की पुत्री बिंदुमती से हुआ।

दशरथ योद्धा और प्रतिष्ठित राजा थे। वे नीतिवान और सत्यप्रज्ञ रहे। उनकी तीन महिषियाँ थीं। प्रथम—कौशल्या, दक्षिण कोशलाधिपति भानुमान की पुत्री। द्वितीया—सुमित्रा, मगधराज पुत्री। तृतीया—कैकेयी, उत्तरी-पश्चिमी आनबनरेश कैकय की पुत्री। दशरथ ने सिंधु, सौवीर, सौराष्ट्र, मत्स्य, काशी, दक्षिण कोसल, मगध, अंग, बंग, कलिंग व द्रविड़ नरेश को जीता तथा अश्वमेध यज्ञ किया

था। गिरिव्रज के प्रसिद्ध युद्ध में उत्तर पांचाली ने दिवोदास की सहायता की थी। वैजयंती के कुलीतर के वंशधर ने तिमिध्वज शंबर असुर को, जो रावण का साढू था, परास्त किया था। अंग नरेश लीमपाद इनके मित्र थे, उन्हें इन्होंने अपनी पुत्री शांता दत्तक दी थी।

इस उत्तर कोसल राज्य की कुछ शाखाएँ भी हुईं। कुछ राम से प्रथम, कुछ बाद। रामपूर्व एक शाखा हरिश्चंद्र वंश की हुई। यह हरिश्चंद्र वंश राम के पूर्वपुरुषों का नहीं, भाई-बंदों का था। मुख्य सूर्यवंशी राजा सिंधु द्वीप (30) के काल में अनरण्य ने यह सूर्यवंशी राज्य स्थापित किया। इनकी पाँचवीं पीढ़ी में त्र्य्यारुण हुए, उनके पुत्र सत्यव्रत (त्रिशंकु) और उनके पुत्र हरिश्चंद्र हुए, जो पीछे महासत्यवादी प्रसिद्ध हुए। संभवत: यह राज्य कान्यकुब्ज के निकट कहीं स्थापित हुआ था। त्र्य्यारुण राजा वेदज्ञ और प्रतापी थे। उसके पुवसत्यव्रत ने एक नवविवाहित वधू का हरण किया, चांडालों का साथ किया, गुरु वसिष्ठ की कुछ गायें मारीं। इसी से वह त्रिशंकु कहाया और पिता द्वारा वसिष्ठ के कहने से यौवराज्य के अधिकार से च्युत हो गया। पिता के मरने पर भी राज्याधिकार न मिला। वसिष्ठ ही राज्य चलाते रहे। इन्होंने म्लेच्छों का दल संगठित किया। इसी बीच कान्यकुब्ज नरेश विश्वामित्र ने वसिष्ठ पर चढ़ाई की, जिसमें वसिष्ठ ने शबरों और म्लेच्छों की सेना लेकर विश्वामित्र को पराजित कर दिया। विश्वामित्र ग्लानि के मारे लज्जित और पराजित होकर वन में चले गए। वहाँ त्रिशंकु ने उनके परिवार की बड़ी सहायता और सेवा की, उनके कुटुंब का वन में पालन किया। इस पर प्रसन्न होकर विश्वामित्र ने जोड़-तोड़ लगाकर अपना और उसका बल संग्रह कर फिर वसिष्ठ से युद्ध किया और त्रिशंकु को पिता के सिंहासन पर बैठाया और उसके

इस उत्तर कोसल राज्य की कुछ शाखाएँ भी हुईं। कुछ राम से प्रथम, कुछ बाद। रामपूर्व एक शाखा हरिश्चंद्र वंश की हुई। यह हरिश्चंद्र वंश राम के पूर्वपुरुषों का नहीं, भाई-बंदों का था। मुख्य सूर्यवंशी राजा सिंधु द्वीप (30) के काल में अनरण्य ने यह सूर्यवंशी राज्य स्थापित किया।

यज्ञ में पुरोहित भी बने। उसके मरने पर हरिश्चंद्र राजा हुए, जिनके काल में शुन:शेप की घटना घटी, जिसमें विश्वामित्र को राजा का विरोध करके शुन:शेप को छुड़ाना पड़ा। संभवत: उसी घटना के बाद वसिष्ठ भी उस राज्य को छोड़कर मूल वंश अयोध्या में आ गए और हरिश्चंद्र को अपना यज्ञ अवास्य अंगिरस से कराना पड़ा। उस युद्ध में हारने के बाद ही संभवत: विश्वामित्र ने राज-संन्यास ले लिया था। राजर्षि तो वे थे ही, ब्रह्मर्षि भी हो गए। इनके बाद उस गद्दी पर उनके पुत्र अष्टक और पौत्र लौहि (37) बैठे। संभवत: उनके पौत्र लौहि से हैहय तालजंघ ने राज्य छीन लिया। बाद में विश्वामित्र ने ऋग्वेद के तीसरे मंडल की रचना कर महर्षि पद पाया।

त्रिशंकु के पुत्र महादानी और महाबली हरिश्चंद्र हुए, जिन्होंने दिग्विजय करके अश्वमेध यज्ञ किया। इन्होंने सौधपुर नगर बसाया। इनको चिरकाल तक पुत्र नहीं हुआ, तो इन्होंने वरुण की उपासना की और कहा कि मैं वरुण को पुत्र की बलि दूँगा। तिस पर पुत्र रोहित का जन्म हुआ। पर मोहवश राजा ने पुत्र की बलि न दी। वसिष्ठ की सलाह से वह सात बार वन को चला गया और लौट आया। बाईस वर्ष पीछे हरिश्चंद्र को जलोदर रोग हुआ और समझा गया कि यह वरुण देवता का कोप है। अंत में राजपुत्र रोहित के स्थान पर एक ऋषिकुमार शुन:शेप को वेदर्षि अजीगर्त से हजार गाय देकर मोल लिया गया। उसकी बलि देकर यज्ञ की तैयारी होनी थी। बदनामी से बचने के लिए वसिष्ठ इस यज्ञ के पुरोहित न बने। अवास्य अंगिरस को पुरोहित बनाया गया। शुन:शेप को यज्ञ के स्तूप में बाँधने को कोई राजी न

त्रिशंकु के पुत्र महादानी और महाबली हरिश्चंद्र हुए, जिन्होंने दिग्विजय करके अश्वमेध यज्ञ किया। इन्होंने सौधपुर नगर बसाया। इनको चिरकाल तक पुत्र नहीं हुआ, तो इन्होंने वरुण की उपासना की और कहा कि मैं वरुण को पुत्र की बलि दूँगा। तिस पर पुत्र रोहित का जन्म हुआ। पर मोहवश राजा ने पुत्र की बलि न दी। वसिष्ठ की सलाह से वह सात बार वन को चला गया और लौट आया।

हुआ तो उसका बाप ही सौ गायें और लेकर तैयार हो गया तथा सौ गायें लेकर उसके अंग काटने को भी तैयार हो गया। यह सूचना विश्वामित्र को मिली। वह लड़का उनकी बहन का परिजन था। उन्होंने अपने पचास परिजनों को शुन:शेप के स्थान में बलि देने को कहा, पर उन्होंने नहीं माना। इस पर क्रुद्ध होकर विश्वामित्र ने उन 50 परिजनों को कुटुंब सहित दक्षिणारण्य में निष्कासित कर दिया तथा स्वयं यज्ञभूमि में उपस्थित होकर बालक की प्राणरक्षा की।

यही कथा पीछे उलट-पुलट होकर हरिश्चंद्र की प्रचलित कथा बन गई है, जिसमें पिता-पुत्र दोनों के चरित्र ग्रंथित कर दिए गए हैं।

इस वंश की दूसरी शाखा सगर वंश की दशरथ (38) के काल में मध्य भारत में कहीं स्थापित की गई। इस वंश के प्रथम राजा बाहु (38) हुए, जिन्हें हैहय राजा तालजंघ ने उत्तर भारत पर आक्रमण करते समय परास्त किया। बाहु राज्यच्युत हो अग्निऔर्व के आश्रम में रहने लगे, वहीं उनके पुत्र सगर का जन्म हुआ। बाहु उसी आश्रम में स्वर्गगत हुए।

इस वंश की दूसरी शाखा सगर वंश की दशरथ (38) के काल में मध्य भारत में कहीं स्थापित की गई। इस वंश के प्रथम राजा बाहु (38) हुए, जिन्हें हैहय राजा तालजंघ ने उत्तर भारत पर आक्रमण करते समय परास्त किया। बाहु राज्यच्युत हो अग्निऔर्व के आश्रम में रहने लगे, वहीं उनके पुत्र सगर का जन्म हुआ। बाहु उसी आश्रम में स्वर्गगत हुए। पर सगर आगे चलकर बड़ा प्रतापी राजा हुआ। उसने हैहयों को जीता और अपने राज्य का विस्तार किया। उसे हैहयों के परंपरागत शत्रु अग्निऔर्व ने भारी सहायता दी। सगर ने हैहयों की सारी शाखाओं का मूलोच्छेद किया और अपना विराट् राज्य स्थापित किया। इसका विवाह वैदर्भी केशिनी से हुआ था और उसकी कमान में 60 हजार अजेय योद्धा थे। पीछे इसने कपिल को कुपित कर स्वनाश किया। इस वंश के तीन पीढ़ी के नरेशों— अंशुमान, दिलीप और भगीरथ द्वारा चार नदियों को खोदकर और मिलाकर गंगा नाम दे मैदान में लाया गया। अंशुमान राजर्षि थे। अंशुमान ने राजसूय और

अश्वमेध यज्ञ किया। भगीरथ के पीछे इस वंश का पता नहीं लगता। यह भी राम के पूर्वपुरुष न थे।

दक्षिण कोसल राज्य (वर्तमान रायपुर, विलासपुर और संभलपुर के आसपास मध्य प्रदेश में) की स्थापना खट्‌बांग दिलीप के पुत्र दीर्घबाहु (35) के काल में किसी सूर्यवंशी राजकुमार ने, जिनका नाम आयुतायुस था, की। इन्हीं का नाम भगस्वर भी था। इनके पुत्र ऋतुपर्ण थे, जिनके यहाँ प्रसिद्ध नल छद्‌मवेश में अश्वपाल बनकर रहे। इस समय विदर्भ में भीमरथ यादव का राज्य था। नल उत्तर पांचाल के राजा मुद्‌गल के श्वसुर थे।

ऋतुपर्ण के पुत्र सुदास और प्रपौत्र कल्माषपाद थे, जो राक्षसों के संसर्ग से नरमांस भक्षी हो गए। इनके पुरोहित वसिष्ठ थे। विश्वामित्र के भड़काने से इन्होंने वसिष्ठ के पुत्र तथा संबंधियों को खा डाला। वसिष्ठ से कल्माषपाद की रानी के पुत्र उत्पन्न हुआ। उसके बाद ही शायद वे उसे छोड़कर उत्तर कोसल चले आए।

ऋतुपर्ण के पुत्र सुदास और प्रपौत्र कल्माषपाद थे, जो राक्षसों के संसर्ग से नरमांस भक्षी हो गए। इनके पुरोहित वसिष्ठ थे। विश्वामित्र के भड़काने से इन्होंने वसिष्ठ के पुत्र तथा संबंधियों को खा डाला। वसिष्ठ से कल्माषपाद की रानी के पुत्र उत्पन्न हुआ। उसके बाद ही शायद वे उसे छोड़कर उत्तर कोसल चले आए।

कल्माषपाद के बाद दक्षिण कोसल की दो शाखाएँ हो गईं। 1. अश्मक-उरकाम-मूलक (42), 2. सर्वकर्मन-अनरण्य-निघनअनमित्र (43), निषध-विदर्भ, दक्षिण कोसल, चेदि और दशार्ण राज्यों की सीमाएँ परस्पर मिलती थीं।

पुराणों के अनुसार हरिश्चंद्र वैवस्वत मनु का 33वाँ और सगर 40वाँ वंशधर प्रमाणित होता है। भगीरथ 44वाँ, कल्मषपाद 52वाँ, मूलक 55वाँ तथा राम 63वाँ। इस प्रकार ये सभी राम के पूर्ववर्ती हो जाते हैं, परंतु पुराणों के अनुसार उत्तर पांचाल नरेश सुदास मनु से केवल 43वीं पीढ़ी पर हैं तथा इन्हीं सुदास के सगे पितामह सृज्जय की दो पुत्रियाँ राम के समकालीन सात्वत यादव

के पौत्र भजमान को ब्याही थीं। फिर राम के मित्र अलर्क के पितामह प्रतर्दन ने वीतिहोत्र हैहय को जीता, तथा सगर ने वीतिहोत्र के पौत्र और प्रपौत्र को। इधर विश्वामित्र हरिश्चंद्र के पिता त्रिशंकु को यश कराते, हरिश्चंद्र के यज्ञ से शुनःशेप को बचाते, ऋग्वेद में सुदास का यज्ञ गाते और राम को अस्त्र विद्या सिखाते हैं। इस गड़बड़ी का कारण मात्र यही है कि इन तीन सूर्यवंशी शाखाओं को पुराणों में गुप्तकाल में एकत्र कर दिया गया है। वास्तव में ये तीन समकालीन पृथक् शाखाएँ थीं और इनकी पृथक् राजधानियाँ थीं।

अब मैथिल सूर्यवंशी शाखा पर विचार कीजिए। रावी नदी के तट से चलकर माथव नामक राजर्षि अपने पुरोहित रहूगण की सलाह से राप्ती नदी के पूर्व मिथिला प्रांत में आकर बसे। उन्होंने जयंत को राजधानी बनाया। पर कुछ पुराणों के अनुसार इक्ष्वाकु पुत्र निमि ने ऐसा किया। निमि के पुत्र मिथि थे। संभव है, इन्हें ही 'माथव' कहा गया हो और मिथिला प्रांत माथव या मिथि के नाम पर बना हो। अथवा 'मिथि' संस्कृत का प्राकृत में माथव बन गया हो।

अब मैथिल सूर्यवंशी शाखा पर विचार कीजिए। रावी नदी के तट से चलकर माथव नामक राजर्षि अपने पुरोहित रहूगण की सलाह से राप्ती नदी के पूर्व मिथिला प्रांत में आकर बसे। उन्होंने जयंत को राजधानी बनाया। पर कुछ पुराणों के अनुसार इक्ष्वाकु पुत्र निमि ने ऐसा किया। निमि के पुत्र मिथि थे।

विदेह कुल के तेरह नामों का पता नहीं लगता है। इन्हें यदि नहीं जोड़ा जाता है, तो दशरथ और सीरध्वज की समकालीनता की संगति नहीं बैठती है। निमि याज्ञिक थे। मिथि ने मिथिलापुरी बसाई। आगे चलकर सीरध्वज ने सांकाश्य राज्य को जीता और अपने भाई कुशध्वज को वहाँ का राजा बनाया। कुशध्वज का सांकाश्य राज्य चार पीढ़ी तक चला। इस वंश में ब्रह्मज्ञानी खांडिक्य हुए, मितध्वज के पुत्र खांडिक्य से कृतध्वज के पुत्र केशिध्वज का प्रथम युद्ध हुआ, फिर ज्ञानचर्चा हुई। सीरध्वज जनक ही राम के श्वसुर थे।

चौथी वैशाली शाखा। वैवस्वत मनु के पुत्र नाभागारिष्ट ने एक वेश्य स्त्री

से विवाह किया, इससे वह क्षत्रिय-वेश्य वंश कहलाया। नाभागारिष्ट काशी के उत्तर-पूरब बिहार प्रांत में बस गए। ये अयोध्या के नाभाग (28) से भिन्न हैं। इस वंश में करंघम और मरुत्त बड़े प्रतापी हुए। मरुत को हिमालय में सोने की खान मिल गई। उन्होंने महायज्ञ करके महादान किया, पीछे अवशिष्ट स्वर्ण को वहीं गाड़ दिया, जिसे पाकर पौरव युधिष्ठिर ने यज्ञ किया। मरुत ने बृहस्पति के भाई संवर्त से यज्ञ कराया। इस वंश के नरेश विशाल (26) ने विशालपुरी बसाई, जो वैशाली कहाई। जब हैहय ताजंलघ ने काशी जीती, तब वैशाली में प्रमति राज्यासीन थे, जो संभवतः अंतिम थे। हैहयों ने उन्हें भी पराभूत किया था।

चौथी वैशाली शाखा। वैवस्वत मनु के पुत्र नाभागारिष्ट ने एक वेश्य स्त्री से विवाह किया, इससे वह क्षत्रिय-वेश्य वंश कहलाया। नाभागारिष्ट काशी के उत्तर-पूरब बिहार प्रांत में बस गए। ये अयोध्या के नाभाग (28) से भिन्न हैं। इस वंश में करंघम और मरुत्त बड़े प्रतापी हुए।

पाँचवीं शर्यात शाखा के संस्थापक शर्याति मनु के पुत्र थे, इन्होंने खंभात की खाड़ी में अपना राज्य स्थापित किया, जो आनर्त कहाया। भृगुपुत्र च्यवन शर्याति के दामाद थे तथा पुरोहित भी। शर्याति का ऐंद्र महाभिषेक हुआ था। शर्याति वेदर्षि भी हुए। शर्याति का पुत्र आनर्त और कन्या सुकन्या थी। सुकन्या च्यवन को ब्याही गई और आनर्त के नाम पर देश का नाम आनर्त रखा गया। यह वंश आनर्त पर 24 या 25 पीढ़ियों तक राज्य करता रहा। पीछे राक्षसों से परास्त हो हैहयों में मिल गया। हैहयों की पाँच मुख्य शाखाओं में एक शर्यात भी थी। राम के काल में वहाँ मधु यादव राजा था। हरिवंश में यह कुंत राज्य कहा गया है। सूर्यवंशी राजा युवनाश्व का भाई हर्यश्व मधु का दामाद था।

ऋग्वेद में सरयू नदी के तट पर पहली आर्य बस्ती बसने का उल्लेख है। विदेह में पहले दलदल था, माथव ने उसे देश बनाया, कोसल के उत्तर में हिमालय, पूर्व में सदानी राप्ती, दक्षिण में सई नदी, पश्चिम में पांचाल देश था। शाक्यों का साकेत राज्य कोसल के अंतर्गत था। अयोध्या और श्रावस्ती

सूर्यवंशियों की राजधानी थी। श्रावस्ती राप्ती के निकट सहेत-महेत है। कोसल राज्य कुरु-पांचाल से पीछे और विदेह से पूर्व महत्त्वपूर्ण हुआ। इक्ष्वाकुवंशी विशाल-वैशाली, मिथिला तथा कुशीनारा में राज्य करते थे।

मनु वैवस्वत, शर्याति, त्रसदस्यु, अंबरीष और मांधातृ वेदर्षि थे। इक्ष्वाकु का उल्लेख ऋग्वेद तथा अथर्ववेद में है। मांधातृ, यौवनाश्व गोपथ-ब्राह्मण में हैं। पुरुकुत्स ऋग्वेद में वर्णित हैं। पुरुकुत्स इक्ष्वाकु हैं, त्रसदस्यु पुरुकुत्स के पुत्र हैं। त्रय्यारुण भी इक्ष्वाकु हैं। त्रिशंकु, हरिश्चंद्र, रोहित इक्ष्वाकु हैं। भगीरथ, भाजेरथ, अंबरीष, ऋतुपर्ण, दशरथ और राम समर्थ पुरुष हैं। पुरुकुत्स, त्रसदस्यु, हरिश्चंद्र, रोहित, ऋतुपर्ण आदि अयोध्या वाली सूची में वाल्मीकि ने गिने हैं। परंतु वैदिक साहित्य से प्रमाणित है कि सूर्यवंशी उत्तर कोसल से भिन्न शाखा में से थे। कोसल और मिथिला के बीच सदानीरा राप्ती नदी थी। शतपथ के अनुसार विदेह राज्य माथव द्वारा स्थापित हुआ।

मनु वैवस्वत, शर्याति, त्रसदस्यु, अंबरीष और मांधातृ वेदर्षि थे। इक्ष्वाकु का उल्लेख ऋग्वेद तथा अथर्ववेद में है। मांधातृ, यौवनाश्व गोपथ-ब्राह्मण में हैं। पुरुकुत्स ऋग्वेद में वर्णित हैं। पुरुकुत्स इक्ष्वाकु हैं, त्रसदस्यु पुरुकुत्स के पुत्र हैं। त्रय्यारुण भी इक्ष्वाकु हैं। त्रिशंकु, हरिश्चंद्र, रोहित इक्ष्वाकु हैं। भगीरथ, भाजेरथ, अंबरीष, ऋतुपर्ण, दशरथ और राम समर्थ पुरुष हैं।

संक्षेप में सूर्यवंशी नरेशों में मनु, इक्ष्वाकु, पुरंजय, मांधातृ, त्रसदस्यु (ऋग्वेद में प्रशंसित), वृक, नाभाग, अंबरीष, दिलीप, रघु, अज, दशरथ, राम (मुख्यशाखा), हरिश्चंद्र, रोहित, सगर, भगीरथ, ऋतुपर्ण, नाभा-गारिष्ट, कंधम, अवीक्षित, मरुत्त, विशाल, शर्याति और यदु प्रसिद्ध हुए। इनमें मनु, इक्ष्वाकु, मांधातृ, त्रसदस्यु, दशरथ, राम, हरिश्चंद्र, सीरध्वज, सगर और भगीरथ अति प्रसिद्ध हुए और उत्तर भारत में इनके नाम का डंका बजा। राम की सत्ता सर्वोपरि हुई। दशरथ ने तिमिध्वज शंबर को, सुदास ने वर्चिन को और राम ने रावण को जय करके राक्षसों और असुरों के तीन प्रमुख महाराज्यों को नष्ट कर दिया।

राम के समकालीन नृपति

उत्तर कोसल राज्य—राम (39), उत्तर कोसल : हरिश्चंद्र शाखा—हरिश्चंद्र या रोहिताश्व (39-38), राम के दायाद। उत्तर कोसल : सगर शाखा—सगर (39), राम के दायाद। दक्षिण कोशल राज्य—सुदास (38) या मित्रसहकल्माषपाद (39), राम के नाना और मामा, कौशल्या के पिता, भाई।

विदेह मैथिल राज्य मुख्य शाखा—सीरध्वज (38), (कुशध्वजभाई) भानुमंत (39), राम के श्वसुर-साले।

मैथिल राज्य : सांकाश्य शाखा—धर्मध्वज (39)।

वैशाली शाखा-राज्य—इस वंश के अंतिम राजा प्रमति (35) थे। इन्हें संभवतः हैहय तालजंघ ने जय किया। इस समय वैशाली पर हैहयवंश का कोई प्रतिनिधि राज्य कर रहा था।

शर्याति शाखा-राज्य—यह राजवंश 24 या 25 पीढ़ी तक चलकर राक्षसों से परास्त हो हैहयों से मिल गया। इस समय वहाँ मधु यादव राजा थे।

वैशाली शाखा-राज्य—इस वंश के अंतिम राजा प्रमति (35) थे। इन्हें संभवतः हैहय तालजंघ ने जय किया। इस समय वैशाली पर हैहयवंश का कोई प्रतिनिधि राज्य कर रहा था।

शर्याति शाखा-राज्य—यह राजवंश 24 या 25 पीढ़ी तक चलकर राक्षसों से परास्त हो हैहयों से मिल गया। इस समय वहाँ मधु यादव राजा थे।

सूर्यवंश की इन गद्दियों के अतिरिक्त उस काल में और भी अनेक राजवंश समृद्ध हुए थे, जिनमें चंद्रवंश सबसे प्रमुख था। यह वंश मनु के दामाद बुध ने अपने पिता चंद्र के नाम पर स्थापित किया था और इसकी मुख्य और आदि गद्दी प्रतिष्ठान 'झूसी-प्रयाग' थी।

पौरव चंद्रवंश मुख्य राज्य—सार्वभौम (39), ऋक्ष (32) का छोटा भाई।

विदर्भ का द्विमीढ़ वंश राज्य—धृतिमंत (40)

उत्तर पांचाल वैदिक सुदास वंश—सोमक (39), सुदास (वैदिक)।

दक्षिण पांचाल राजवंश—रुचिराश्व।

मगध शाखा : चंद्रवंश—सुधन्वा (प्रथम)।

काशी शाखा—वत्स (ऋतुध्वज-कुवलयाश्व)।

कान्यकुब्ज शाखा।

यदुवंश-माथुर शाखा—मधु।

यदुवंशी हैहय का माहिष्मती वंश दक्षिण मालव में—दुर्जय। दुर्जय के पुत्र सुप्रतीक (40) को प्रतर्दन और सगर ने पराजित कर इस हैहयवंश को नष्ट कर दिया।

वैदर्भ की चेदि शाखा—सुबाहु (28) अंतिम नृप। आगे इस वंश का पता नहीं मिलता।

तुर्वश का मारुत्तवंश (उत्तरी बिहार)—मरुत्त का यह प्रतापी वंश था। मरुत्त महाप्रतापी प्रसिद्ध यज्ञकर्ता। ये निस्संतान हुए, इसलिए पौरव दुष्यंत को गोद ले लिया, जिन्होंने शकुंतला से भरत को जन्म दिया। जिनका अंधे ऋषि दीर्घतमस ने इंद्राभिषेक किया। परंतु भरत के बाद राम से कोई 14-15 पीढ़ी पहले यह वंश समाप्त हो चुका था।

तुर्वश का मारुत्तवंश (उत्तरी बिहार)—मरुत्त का यह प्रतापी वंश था। मरुत्त महाप्रतापी प्रसिद्ध यज्ञकर्ता। ये निस्संतान हुए, इसलिए पौरव दुष्यंत को गोद ले लिया, जिन्होंने शकुंतला से भरत को जन्म दिया। जिनका अंधे ऋषि दीर्घतमस ने इंद्राभिषेक किया। परंतु भरत के बाद राम से कोई 14-15 पीढ़ी पहले यह वंश समाप्त हो चुका था।

आनववंश उत्तर-पच्छिम शाखा—युधाजित् (38), दशरथ की पत्नी कैकेयी के भाई, भरत के मामा। यह राज्य इसके बाद शत्रुओं ने नष्ट कर दिया और भरतपुत्र पुष्कर और तक्ष ने उसे पाया। तक्ष ने तक्षशिला बसाकर राजधानी बनाई और पुष्कर ने पुष्करावती (पेशावर) को बसाकर राजधानी बनाया।

इस प्रकार राम के समकालीन राजाओं में—हरिश्चंद्र, सगर, सुदास, कल्माषपाद, सीरध्वज, कुशध्वज, भानुमंत, धर्मध्वज, ये सूर्यवंशी तथा सार्वभौम, धृतिमंत, सोमक, सुदास, दिवोदास (वैदिक), रुचिराश्व, सुधन्वा, वत्स, मधु,

दुर्जय, सुप्रतीक, लोमपाद, युधाजित् अन्य राजा थे।

राक्षस-असुर राजाओं में और दैत्य वंश में—परमप्रतापी रावण, मारीच सुबाहु थे।

ऋषियों में—वसिष्ठ, विश्वामित्र, वामदेव, ऋष्यशृंग, मित्रभुकाश्यप, सामकाश्व, देवराट्, मधुच्छंदस, प्रतिदर्श, गृत्समद, अगस्त्य, अलर्क, भरद्वाज।

दशरथ और राम दोनों का सबसे प्रथम उल्लेख हमें ऋग्वेद में मिलता है। परंतु वे अयोध्या से संबंधित नहीं हैं। इसके बाद राम का पूर्ण परिचय वाल्मीकि रामायण से प्राप्त होता है। इसके अतिरिक्त ब्रह्मपुराण, महाभारत, विष्णुपुराण और हरिवंश तथा श्रीमद्भागवत में भी है। वाल्मीकि की राम-कथा विख्यात है, जिसका सारांश यह है कि दशरथ की वृद्धावस्था तक एक पुत्री शांता के अतिरिक्त कोई संतान नहीं हुई। शांता को दशरथ के मित्र राजा रोमपाद (अंग नरेश) ने गोद लिया। उसका विवाह ऋष्यशृंग से हुआ। पीछे ऋष्यशृंग ने पुत्रेष्टि यज्ञ कराया, जिसके फलस्वरूप राम (कौशल्या), लक्ष्मण-शत्रुघ्न (सुमित्रा), भरत (कैकेयी) उत्पन्न हुए। किशोर वय में राम-लक्ष्मण को विश्वामित्र अपने सिद्धाश्रम में ले गए, जहाँ उन्होंने राम-लक्ष्मण को शस्त्रास्त्र की शिक्षा दी तथा वहीं इन्होंने ताटिका राक्षसी और सुबाहु को मारा और मारीच को परास्त किया। तदनंतर मिथिला जा जनक सीरध्वज के स्वयंवर में धनुष-भंग कर सीता को विवाहा, साथ ही सीरध्वज की भतीजियों से तीनों कुमारों के ब्याह हुए। यहीं राम का हैहयवंश-विध्वंसकारी परशुराम से साक्षात् हुआ। राम सपत्नीक कुछ दिन अयोध्या रहे और कुछ दिन मिथिला रहे। पीछे जब भरत-शत्रुघ्न ननिहाल गए हुए थे, दशरथ ने राम का राज्याभिषेक करना चाहा, जिस पर विमाता कैकेयी ने मंथरा दासी के

दशरथ और राम दोनों का सबसे प्रथम उल्लेख हमें ऋग्वेद में मिलता है। परंतु वे अयोध्या से संबंधित नहीं हैं। इसके बाद राम का पूर्ण परिचय वाल्मीकि रामायण से प्राप्त होता है। इसके अतिरिक्त ब्रह्मपुराण, महाभारत, विष्णुपुराण और हरिवंश तथा श्रीमद्भागवत में भी है।

कुपरामर्श से पूर्वदत्त वरों के आधार पर 14 वर्ष के लिए राम-वनवास और भरत के लिए राज्य माँग लिया। राम के वनवास जाने पर दशरथ का दुःख असह्य हो गया और वे मूर्च्छित हो गए। अयोध्या के राजमहल में शोक छा गया।

भरत

राम के वनगमन के छठे दिन दशरथ की मृत्यु हो गई। तब उनके शरीर को तेल में रख सबने सम्मति करके मामा के घर से भरत को बुला भेजा। परंतु भरत राम-वनवास और पिता की मृत्यु का दारुण समाचार सुनकर घबरा न जाएँ, इसलिए जो आदमी रथ लेकर उन्हें बुलाने गया, उसे समझा दिया गया कि भरत से यहाँ की सब बातें मत कहना। केवल पिता के रुग्ण होने की सूचना देना। पिता का रुग्ण होने का समाचार सुनकर भरत रथ पर चढ़कर तत्काल अयोध्या को चल पड़े।

मार्ग में भरत ने सूत से पूछा, "पिताजी अच्छे तो हैं? मुझे तो इधर बहुत दिनों से कुछ समाचार ही नहीं मिला। उन्हें रोग क्या है?" सूत ने संक्षेप में उत्तर दिया, "हृदय-पीड़ा।"

मार्ग में भरत ने सूत से पूछा, "पिताजी अच्छे तो हैं? मुझे तो इधर बहुत दिनों से कुछ समाचार ही नहीं मिला। उन्हें रोग क्या है?"

सूत ने संक्षेप में उत्तर दिया, "हृदय-पीड़ा।"

"चिकित्सा हो रही है न?"

"हाँ, परंतु उससे कुछ लाभ नहीं हुआ।"

"खाते-पीते क्या हैं?"

"कुछ नहीं।"

"नींद तो आती है न?"

"निर्विघ्न।"

"कुछ आशा तो है?"

"भगवान् की।"

"हृदय घबराता है, तेज हाँको।"

"बहुत अच्छा।" कहकर सूत ने रथ तेज हाँक दिया। भरत कुछ क्षण चिंतित भाव से बैठे रहे। फिर सामने विस्तृत मार्ग देखकर पूछा, "अब और कितनी दूर है, सूत?"

"बस, सामने जो यह बहुत से पेड़ों का झुरमुट दिख रहा है, उसके उधर ही अयोध्या है।"

"जी चाहता है पंख लगाकर उड़ जाऊँ और पिताजी के चरणों में सिर रख दूँ। वे झटपट उठाकर मुझे छाती से लगा लेंगे, क्यों सूत? भैया और माता तो आँसुओं से मुझे भिगो देंगे। बराबर वाले मुझे इतना हट्टा-कट्टा देखकर आश्चर्य करेंगे और लक्ष्मण तो मेरे ये मामा के देश के कपड़े-लत्ते देखकर बहुत ही हँसेंगे। पिताजी तो मुझे देखते ही चट से अच्छे हो जाएँगे। ठीक है न, सूत?"

"अब तो आ ही पहुँचे।"

"वह सामने कौन आ रहा है? रथ रोक दो।"

सामने एक भट आ रहा था। रथ के समीप आकर उसने भरत का अभिवादन करके कहा, "कुमार की जय हो।"

भरत ने उससे पूछा, "शत्रुघ्न कहाँ हैं, क्या पीछे आ रहे हैं?"

"हाँ कुमार, सब आ रहे हैं, पर पुरोहितजी ने कहलाया है कि···"

"क्या कहलाया है?"

"कृत्तिका की एक घड़ी रह गई है, इसके पीछे रोहिणी नक्षत्र लगता है। आप उसी समय अयोध्या में प्रवेश करें।"

"अच्छी बात है, मैं बड़ों की बात कभी नहीं टालता। सूत, घोड़ों को खोल दो, मैं इस मंदिर में थोड़ा विश्राम कर लूँगा, देवदर्शन भी हो जाएँगे।"

"अच्छा कुमार!" कहकर सूत ने रथ के घोड़े खोल दिए। भरत उतरकर

"अब तो आ ही पहुँचे।"
"वह सामने कौन आ रहा है? रथ रोक दो।"
सामने एक भट आ रहा था। रथ के समीप आकर उसने भरत का अभिवादन करके कहा, "कुमार की जय हो।"
भरत ने उससे पूछा, "शत्रुघ्न कहाँ हैं, क्या पीछे आ रहे हैं?"

मंदिरों की ओर बढ़े। मंदिरों की शोभा देखकर वे कहने लगे, "वाह, यह तो झंडियों और बंदनवारों से भलीभाँति सजाया हुआ है। भीतों पर चंदन की छाप लगी है। द्वारों पर नागकेसर और मालती की मालाएँ लटक रही हैं। क्या आज यहाँ कोई उत्सव है ? या प्रतिदिन ऐसा ही रहता है ? पर यह किस देवता का मंदिर है, भीतर चलकर देखूँ। वाह, क्या कारीगरी की है! कैसी मूर्तियाँ बनाई हैं, जो आदमी सी दिख पड़ती हैं! पर ये चार मूर्तियाँ क्यों हैं ? किसी से पूछना चाहिए।"

पुजारी भोजन करने गए थे। भोजन करके लौट ही रहे थे कि मंदिर में किसी व्यक्ति को देखकर सोचने लगे, 'अभी तो मैं पूजा करके भोजन करने गया था, इतने में ही यह कौन आ गया ?' भरत ने पुजारी को देखकर कहा, "अभिवादन करता हूँ।"

पुजारी भोजन करने गए थे। भोजन करके लौट ही रहे थे कि मंदिर में किसी व्यक्ति को देखकर सोचने लगे, 'अभी तो मैं पूजा करके भोजन करने गया था, इतने में ही यह कौन आ गया ?' भरत ने पुजारी को देखकर कहा, "अभिवादन करता हूँ।"

पुजारी ने कहा, "नहीं, नहीं, अभिवादन मत कीजिए।"

भरत ने आश्चर्य से कहा, "क्यों, कसलिए ?"

"आपने कदाचित् मुझे ब्राह्मण समझा है, ये तो क्षत्रियों की मूर्तियाँ हैं।"

"क्षत्रियों की ? किन क्षत्रियों की ?"

"रघुवंशियों की।"

"वाह, तब तो यह अयोध्या के राजा होंगे ?"

"आप तो रघुवंशियों की भाँति बोल रहे हैं, आप कहीं कैकेयी के पुत्र भरत तो नहीं हैं ?"

"मैं दशरथपुत्र भरत हूँ।"

"वही तो मैंने कहा। हाय, कुमार बुरा हुआ!"

"क्या हुआ, कहिए, शीघ्र कहिए!"

"क्या कहूँ, राम लक्ष्मण और सीता को लेकर वन को चले गए और महाराज ने उनके शोक में प्राण त्याग दिए।"

"क्या कहा? पिताजी···" यह कहते-कहते भरत मूर्च्छित होकर गिर पड़े। पुजारी भयभीत होकर पुकारने लगा, "अरे कोई आओ, ये भरत कुमार मूर्च्छित हो गए हैं।"

थोड़ी देर में भरत की मूर्च्छा दूर हुई। उन्होंने पुजारी से कहा, "अब मैं सावधान हूँ। मैं अयोध्या की ओर उस भाँति दौड़ा जा रहा था, जैसे प्यासा आदमी सूखी नदी की ओर दौड़ा जा रहा हो। बैठ जाइए और सब स्पष्ट कहिए।"

"सुनिए, महाराज ने ज्यों ही राम को राजतिलक देने की ठानी कि आपकी माता ने···"

"ठहरिए, पुराने वर का स्मरण कराकर अपने पुत्र को राजा बनाने का हठ किया और पिताजी ने हृदय पर पत्थर रखकर बड़े भाई से कह दिया कि जाओ बेटे वन को। और जब वे कमर में तीर बाँधकर वन को चले तो यह देखकर महाराज ने प्राण दे दिए। अब इन बातों को सुनने को रह गया मैं भाग्यहीन!"

"ठहरिए, पुराने वर का स्मरण कराकर अपने पुत्र को राजा बनाने का हठ किया और पिताजी ने हृदय पर पत्थर रखकर बड़े भाई से कह दिया कि जाओ बेटे वन को। और जब वे कमर में तीर बाँधकर वन को चले तो यह देखकर महाराज ने प्राण दे दिए। अब इन बातों को सुनने को रह गया मैं भाग्यहीन!"

इतना कहते-कहते भरत फिर मूर्च्छित हो गए। इसी समय राजवर्ग की स्त्रियाँ और सुमंत ने मंदिर में प्रवेश किया। सुमंत आगे-आगे चलकर उन्हें बता रहा था।

"इधर से आइए, महारानी। हाय, जो महाराज गगनचुंबी महलों में रहते थे, उनकी मूर्ति ही यहाँ रह गई है—न कंचुकी है; न मंत्री। बटोही यहाँ से बिना रोक-टोक नमस्कार किए चले जाते हैं।"

सुमंत के आगे बढ़ने पर उन्हें कोई व्यक्ति मूर्च्छित पड़ा दिखा। उन्होंने कहा, "अरे, यह कौन मूर्च्छित पड़ा है?"

पुजारी ने उत्तर दिया, "कुमार भरत हैं।"

भरत का नाम सुनते ही रानी आगे बढ़ आई और भरत को पहचानकर

विलाप करने लगी, "हाय, हाय! सचमुच यह तो कुमार भरत ही हैं।"

कोलाहल सुनकर भरत की संज्ञा लौटी। उन्होंने स्वत: कहा, "कौन? कौन है?"

सुमंत ने बताया, "मैं हूँ सुमंत। कुमार, आपका स्वर तो महाराज जैसा ही है।"

भरत स्वस्थ हुए तो बोले, "ओह आप हैं, माताएँ कैसी हैं?"

रानी ने कहा, "पुत्र, हम जैसी हैं, अपनी आँखों से देख लो।"

सुमंत ने उन्हें धैर्य बँधाते हुए कहा, "महारानी, आप धीरज धरिए।"

भरत ने उठने की चेष्टा करते हुए कहा, "आप सुमंत ही हैं न?"

"हाँ कुमार, मैं ही अभागा हूँ। मुझे तो महाराज के साथ ही जाना था, पर…"

"हाय, आर्य, आप मुझे यह तो बताइए, बड़ी माँ कौन सी हैं, जिससे मैं उन्हें अभिवादन तो कर लूँ।"

सुमंत ने इंगित करके बताया, "यह देवी कौशल्या हैं।"

भरत ने प्रणाम करके कहा, "माता, यह निरपराध अभिवादन करता है।"

भरत ने उठने की चेष्टा करते हुए कहा, "आप सुमंत ही हैं न?" "हाँ कुमार, मैं ही अभागा हूँ। मुझे तो महाराज के साथ ही जाना था, पर…" "हाय, आर्य, आप मुझे यह तो बताइए, बड़ी माँ कौन सी हैं, जिससे मैं उन्हें अभिवादन तो कर लूँ।" सुमंत ने इंगित करके बताया, "यह देवी कौशल्या हैं।"

कौशल्या ने आशीर्वाद दिया, "पुत्र, आयुष्मान् हो।"

सुमंत ने दूसरी ओर इंगित करके बताया, "ये सुमित्रा देवी हैं।"

भरत ने उन्हें भी प्रणाम करके कहा, "माँ, लक्ष्मण से ठगाया हुआ मैं अभिवादन करता हूँ।"

सुमित्रा ने आशीर्वाद दिया, "पुत्र आयु बढ़े, यश बढ़े।"

भरत ने सुमंत से पूछा, "वे कौन हैं आर्य?"

"आप की माँ कैकेयी हैं।"

"हाय, हाय! माता, तुम मेरी माताओं में नहीं सजती हो।"

कैकेयी ने विषाद भरी वाणी से पूछा, "पुत्र, मैंने क्या किया?"

"क्या किया—कहती हो? क्या नहीं किया—कहो। अरे, हमें अपवाद, भाइयों को वनवास, महाराज को मृत्यु और सारी अयोध्या को क्रंदन आपने दिया। लक्ष्मण को वन के मृग का साथी बनाया, पुत्रों और माताओं को शोक के समुद्र में डुबोया, सती सीता को वन-वन की धूल फंकाई, अब कहती हो, क्या किया है?"

कौशल्या ने बाधा देकर कहा, "सुपुत्र, तुम तो सब शिष्टाचार जानते हो, माता का अभिवादन नहीं किया?"

"नहीं पुत्र, तुम इन्हीं की कोख से उत्पन्न हुए हो।" "हुआ होऊँगा। इन्होंने पुत्रों को पराया बना दिया है। अब भरत पुकारकर कहता है, ये माता उसकी माता नहीं हैं।" कैकेयी ने विह्वल होकर कहा, "पुत्र, मैंने तो महाराज की बात रखने के लिए यह काम किया था।"

भरत ने दुःख भरे स्वर में कहा, "आप ही मेरी माँ हैं, आपका अभिवादन कर चुका।

"नहीं पुत्र, तुम इन्हीं की कोख से उत्पन्न हुए हो।"

"हुआ होऊँगा। इन्होंने पुत्रों को पराया बना दिया है। अब भरत पुकारकर कहता है, ये माता उसकी माता नहीं हैं।"

कैकेयी ने विह्वल होकर कहा, "पुत्र, मैंने तो महाराज की बात रखने के लिए यह काम किया था।"

"कौन काम?"

"मेरी इच्छा थी, मेरा पुत्र राजा हो।"

"राम क्या आपके पुत्र नहीं थे? क्या वे मेरे पिता के पुत्र नहीं थे? क्या वे सबसे बड़े होने के कारण राज्य के अधिकारी नहीं थे? क्या वे हम सबको प्यार नहीं करते थे? क्या सब लोग उन्हें प्यार नहीं करते थे?"

"पुत्र, मुझे वर माँगने का अधिकार था।"

"वाह, अधिकार वाले का अधिकार छीनकर उन्हें भाई और स्त्री के साथ चीवर पहनाकर आपने वन में भिजवा दिया, यही आपका अधिकार था?"

"पुत्र, मैंने अन्याय नहीं किया।"

"आपको जो अपवाद ही भाता था तो उसमें मुझे क्यों घसीटा? आपकी राजपाट की प्यास राजा नहीं बुझा सके। क्या राम के राजा बनने से आप राजमाता नहीं कहा सकती थीं? अरे, आपने राज के लालच में फँसकर सभी को दुःख नहीं दिया? सीता को चीवर पहने, नंगे पाँव वन जाते देखकर भी जो आपकी छाती नहीं फटी तो कहना होगा कि आप पत्थर की बनी हैं!"

कैकेयी पुत्र की बात सुनकर रोने लगीं। इसी समय राजपुरोहित तथा मंत्रीगण प्रमुख जनों को साथ लेकर वहाँ आ पहुँचे।

कैकेयी पुत्र की बात सुनकर रोने लगीं। इसी समय राजपुरोहित तथा मंत्रीगण प्रमुख जनों को साथ लेकर वहाँ आ पहुँचे। सुमंत ने कहा, "कुमार, ये मंत्री, पुरोहित और नगरवासी राजतिलक की सामग्री लेकर आए हैं। आप तिलक कराएँ, क्योंकि बिना राजा के राज नहीं चल सकता।"

सुमंत ने कहा, "कुमार, ये मंत्री, पुरोहित और नगरवासी राजतिलक की सामग्री लेकर आए हैं। आप तिलक कराएँ, क्योंकि बिना राजा के राज नहीं चल सकता।"

भरत ने उत्तर दिया, "वे सब मेरे साथ चलें।"

"आप कहाँ जाना चाहते हैं?"

"वहीं, जहाँ राम और लक्ष्मण हैं। जहाँ राम, वहीं अयोध्या। जहाँ राम नहीं, वहाँ अयोध्या नहीं। सब लोग चलिए।"

यह सुनकर सब लोग भरत की प्रशंसा करने लगे और भरत के साथ वन की ओर चले। राम का आश्रम निकट आने पर भरत ने सुमंत से कहा, "धर्मात्मा महाराज के स्वर्ग जाने पर नगर-निवासियों के आँसुओं के पीछे-पीछे महात्मा राम को मनाने जा रहा हूँ।"

"धन्य कुमार, आप वही कर रहे हैं, जो आपको करना चाहिए।"

"अब और कितनी दूर हैं आर्य। राम अब कितनी दूर हैं—जो अयोध्या के सच्चे राजा हैं, जिन्हें देखने से पुण्य होता है, जो सत्यव्रती हैं, जिन्होंने मेरी माँ का मनचीता करने के लिए राज्य को ठीकरे की भाँति ठुकरा दिया। मैं उन्हें शीघ्र

देखना चाहता हूँ, वे मेरे देवता हैं।"

"कुमार, यही उनका आश्रम है, यहीं पर हमारे प्राणों से प्यारे राम, लक्ष्मण और सीता के साथ रहते हैं।"

"तब रोकिए रथ!"

"बहुत अच्छा!"

रथ रुकने पर भरत उतर पड़े और सुमंत से कहा कि जाकर राम को सूचित करें।

"क्या कहूँ, कुमार?"

"कहिए कि राज्यलोलुप कैकेयी का पुत्र आया है।"

"कुमार, माता की निंदा नहीं करनी चाहिए।"

"आप ठीक कहते हैं। तो आप कहिए कि कुलकलंक भरत आया है।"

"भला मैं ऐसा कह सकता हूँ? मैं कहूँगा कुमार भरत आए हैं।"

"नहीं, नहीं, यह यथेष्ट नहीं है। क्या पापियों का बखान दूसरे किया करते हैं। आप ठहरिए, मैं स्वयं ही जाकर कहता हूँ।"

"आप ठीक कहते हैं। तो आप कहिए कि कुलकलंक भरत आया है।"
"भला मैं ऐसा कह सकता हूँ? मैं कहूँगा कुमार भरत आए हैं।"
"नहीं, नहीं, यह यथेष्ट नहीं है। क्या पापियों का बखान दूसरे किया करते हैं। आप ठहरिए, मैं स्वयं ही जाकर कहता हूँ।"

उन्होंने राम-कुटी के समीप पहुँचकर कहा, "अरे कोई पिता की आज्ञा माननेवाले धर्मात्मा राम से कह दे कि आपका अयोग्य सेवक भरत आया है। ठहरे या जाए?"

भरत की ध्वनि आश्रम में गूँज गई। राम ने उसे सुना। उन्होंने प्रसन्न होकर लक्ष्मण से कहा, "सुनते हो लक्ष्मण, तुमने भी सुना सीता? यह किसका कंठस्वर है, सुनने से प्यार उमड़ने लगा। लक्ष्मण, तनिक बाहर देखो तो कौन है?"

लक्ष्मण ने बाहर आकर भरत और सुमंत को देखा। सुमंत ने भी उन्हें देख लिया। बोले, "कुमार लक्ष्मण हैं क्या?"

लक्ष्मण ने आगे बढ़कर प्रणाम करके कहा, "अभिवादन करता हूँ। तनिक ठहरिए, आपके आने की सूचना मैं आर्य को दे आऊँ।"

भरत ने कहा, "शीघ्र करो वत्स, मुझसे विलंब नहीं सहा जाता।"

लक्ष्मण द्रुतगति से चल दिए और राम को भरत के आने की सूचना दी।

राम ने सुनकर व्यग्रता से पूछा, "क्या कहा, भरत? देवी सीता, भरत को देखने के लिए आँखें बड़ी-बड़ी कर लो।"

सीता ने भी लक्ष्मण से पूछा, "क्या सचमुच भरत आए हैं?"

राम ही बोल पड़े, "नहीं तो क्या? भाई का प्रेम कैसा होता है, यह मैं आज देखूँगा। जाओ लक्ष्मण, भरत को भीतर ले आओ। नहीं, तुम ठहरो, देखते हो सीता की आँखों में आनंद के आँसू सज रहे हैं, जैसे कमल के फूल में ओस की बूँदें। भरत पर उनका कितना प्यार है, वही क्यों न जाकर उन्हें ले आएँ?"

सीता ने कहा, "मैं ही जाती हूँ आर्यपुत्र!"

सीता बाहर आईं। उन्हें देखकर सुमंत ने भरत से कहा, "अरे, सीता स्वयं ही आ रही हैं।"

राम ही बोल पड़े, "नहीं तो क्या? भाई का प्रेम कैसा होता है, यह मैं आज देखूँगा। जाओ लक्ष्मण, भरत को भीतर ले आओ। नहीं, तुम ठहरो, देखते हो सीता की आँखों में आनंद के आँसू सज रहे हैं, जैसे कमल के फूल में ओस की बूँदें। भरत पर उनका कितना प्यार है, वही क्यों न जाकर उन्हें ले आएँ?"

भरत ने भी उन्हें देखा, "यही जनक की राजदुलारी हैं, तपाए हुए सोने के जैसा इनका तेज झलक रहा है। ये ही हैं, जिन्होंने पति के लिए राज-सुख त्यागा। धन्य भगवती, ये तो महाराज जनक की तप की प्रतिमूर्ति सी दिख पड़ती हैं। पूज्ये, मैं भरत आपके चरणों में अभिवादन करता हूँ।"

सीता ने समीप पहुँचकर कहा, "आयुष्मान हो कुमार। आओ, भाई के मनोरथ पूरे करो। अपने दर्शन से उनकी आँखें ठंडी करो। आओ कुमार, भीतर आओ।"

सुमंत ने भी कहा, "जाइए कुमार!"

भरत ने कहा, "आप भी चलिए।"

सुमंत ने आँखों में आँसू भर कहा, "नहीं, पहले आप जाइए।"

भरत ने अंदर आकर राम को प्रणाम किया, "आर्य, मैं भरत आपका अभिवादन करता हूँ।"

राम ने भरत को देखते ही उठकर कहा, "आओ भैया, तुम्हारी बड़ी आयु हो। आओ मेरी छाती से लग जाओ। अपना मुँह तो ऊँचा उठाओ, मैं तनिक आँख भरकर देख लूँ।"

सुमंत ने भी अंदर आकर राम से कहा, "आपकी जय हो राम!"

"आइए आर्य, पिताजी तो आपके बिना एक क्षण भी नहीं रह सकते थे। इस बार दया और प्रेम के वे अवतार आपको भी छोड़ गए!"

"हाँ भद्र, महाराज का स्वर्गवास, आपका वनवास, भरत का शोक और अयोध्या का सूना होना, यह सब मुझे देखना पड़ रहा है।"

यह कहकर वे रोने लगे। सीता बोलीं, "आर्य, आप हमें क्यों रुलाते हैं?"

राम ने कहा, "सीते, यह धीरज रखने का समय है। लक्ष्मण, जल लाओ।"

सुमंत ने भी अंदर आकर राम से कहा, "आपकी जय हो राम!" "आइए आर्य, पिताजी तो आपके बिना एक क्षण भी नहीं रह सकते थे। इस बार दया और प्रेम के वे अवतार आपको भी छोड़ गए!" "हाँ भद्र, महाराज का स्वर्गवास, आपका वनवास, भरत का शोक और अयोध्या का सूना होना, यह सब मुझे देखना पड़ रहा है।"

परंतु भरत ने लक्ष्मण को रोक दिया और स्वयं जल लाकर उन्हें दिया।"

राम बोले, "सीते, लक्ष्मण के काम में तो साझा हो गया।"

सीता ने कहा, "इनका भी तो अधिकार है।"

"अच्छी बात है। हम सेवा बाँट देते हैं। यहाँ लक्ष्मण सेवा करें और अयोध्या में भरत।"

यह सुनकर भरत बोले, "दुहाई आर्य की। मेरा मन यहाँ और शरीर वहाँ

रहेगा। आपके नाम से मैं राज का प्रबंध करूँगा।"

"वत्स भरत, ऐसा न कहो। मैं तो पिता के कहने से वन आया हूँ। न क्रोध से, न गर्व से, न भय से और न बिना सोचे-समझे। हमारा वंश ही सत्यव्रती प्रसिद्ध है।"

सुमंत ने पूछा, "अब राज्याभिषेक किसका होगा ?"

राम ने उत्तर दिया, "जिसका मेरी माता ने कर दिया।"

भरत बोले, "भैया, घाव पर चोट मत मारिए। मेरा-आपका एक ही वंश है। केवल माता के कारण आप मुझमें दोष नहीं निकाल सकते। आप सब मुझ दुःखी को सताइए मत।"

सीता ने राम से कहा, "आर्यपुत्र, भरत को बहुत दुःख हो रहा है। अब आप क्या सोच रहे हैं ?"

"मैं स्वर्गवासी पिता की बात सोच रहा हूँ, जो अपने इस पुत्र के गुण न देख सके। परंतु भैया भरत, तुम्हें महाराज की बात कभी झूठ न पड़ने देनी चाहिए। सोचो तो तुम्हारे जैसे पुत्र उत्पन्न करके भी कोई माता-पिता संसार में झूठे कहला सकते हैं ?"

सीता ने राम से कहा, "आर्यपुत्र, भरत को बहुत दुःख हो रहा है। अब आप क्या सोच रहे हैं ?" "मैं स्वर्गवासी पिता की बात सोच रहा हूँ, जो अपने इस पुत्र के गुण न देख सके। परंतु भैया भरत, तुम्हें महाराज की बात कभी झूठ न पड़ने देनी चाहिए। सोचो तो तुम्हारे जैसे पुत्र उत्पन्न करके भी कोई माता-पिता संसार में झूठे कहला सकते हैं ?"

"अच्छी बात है। तो जब तक आप वनवास में हैं, मैं यहीं रहकर आपकी सेवा करूँगा।"

"नहीं, इस तरह पिताजी के पुण्य को नष्ट न करो। भैया, जो तुम राज्य का प्रबंध न करोगे तो मैं प्रसन्न नहीं होऊँगा।"

"हाय, आपने तो मुझे कुछ कहने लायक ही नहीं रखा! अच्छा, जब तक आप वनवास में हैं, राज का प्रबंध मैं करूँगा।"

"क्या वनवास तक ही ?"

"निस्संदेह, इसके बाद आपको राज लेना होगा।"

"अच्छा, ऐसा ही सही।"

"आपने सुना आर्य सुमंत, आपने भी सुना भाभी, मंत्रीजी, पुरोहितजी नगरवासियों आपने सुना?"

सब एक स्वर में बोल पड़े, "सुन लिया, सबने सुन लिया।"

"अच्छा तो भैया, अब आप मुझे एक वर दीजिए।"

"कैसा वर?"

"हाँ, एक वर। आपको देना ही होगा।"
"जो कुछ मेरे बस में है, तुम्हें दूँगा। माँगो!"
"अपनी खड़ाऊँ मुझे दीजिए। जब तक आप वनवास से नहीं लौटते, मैं इन्हीं का दास होकर राजकाज करूँगा।"
"हाय भरत, मैंने इतने दिनों में जो सुयश संचय किया, वह तुमने एक क्षण में ही प्राप्त कर लिया। भरत, तुम मुझसे भी ऊँचे बढ़ गए।"

"हाँ, एक वर। आपको देना ही होगा।"

"जो कुछ मेरे बस में है, तुम्हें दूँगा। माँगो!"

"अपनी खड़ाऊँ मुझे दीजिए। जब तक आप वनवास से नहीं लौटते, मैं इन्हीं का दास होकर राजकाज करूँगा।"

"हाय भरत, मैंने इतने दिनों में जो सुयश संचय किया, वह तुमने एक क्षण में ही प्राप्त कर लिया। भरत, तुम मुझसे भी ऊँचे बढ़ गए।"

सीता बोलीं, "आर्यपुत्र, भरत को माँगी हुई वस्तु दे दीजिए।"

"अच्छा भाई भरत, लो।" यह कहकर राम ने अपनी खड़ाऊँ भरत को दे दीं।

भरत ने उन्हें मस्तक से लगाते हुए कहा, "बड़ी दया, बड़ी कृपा, आपने मुझे कृतकृत्य कर दिया। मंत्रीजी, अब आप भैया को राजतिलक कर दीजिए।" राम ने अब बाधा नहीं दी। उन्होंने सुमंत से कहा, "आर्य सुमंत, जो कुछ भरत कहें, वही कीजिए।"

सुमंत ने स्वीकार किया और राजपुरोहित ने आगे बढ़कर राम को राजतिलक

कर दिया। वेदमंत्रों का उच्चारण और शंख-तुरही की ध्वनि आश्रम में गूँज उठी। सबने राम और भरत की जय-जयकार की।

भरत बोले, "अहा, अब मैं परिचितों की दृष्टि में आदर के योग्य हुआ। अयोध्यावासी भी अब मुझे क्षमा कर देंगे। अब मैं स्वर्गवासी महाराज का सुशील पुत्र कहा जा सकूँगा। अब भाइयों की प्रतिष्ठा भी मुझे मिलेगी। आज जन्म सफल हुआ।"

राम ने कहा, "भैया, राज्य को एक क्षण भी सूना छोड़ना ठीक नहीं है। इसी से आज ही तुम्हें लौट जाना होगा।"

"जो आज्ञा, मैं आज ही लौट जाऊँगा। नगरनिवासी आपके आने की बाट जोहते बैठे हैं। अब आपकी इन खड़ाऊँ को दिखाकर उन्हें सुखी करूँगा।"

सुमंत ने पूछा, "राजभद्र, अब मैं क्या करूँ ?"

भरत ने कहा, "आर्य, महाराज की तरह भरत की रक्षा कीजिए।"

सुमंत ने साँस खींचकर कहा, "अच्छा, जब तक साँस है, तब तक…"

राम बोले, "भैया भरत, मेरे सामने रथ पर बैठो।"

"जो आज्ञा।" कहकर भरत सबको प्रणाम कर वहाँ से चल दिए।

□□□

शरतचंद्र साहित्य

शरतचंद्र चट्टोपाध्याय
श्रीकांत
प्रभात

शरतचंद्र चट्टोपाध्याय
श्रीकांत
(भाग-2)
प्रभात

शरतचंद्र चट्टोपाध्याय
चरित्रहीन
प्रभात

शरतचंद्र चट्टोपाध्याय
गृहदाह
प्रभात

शरतचंद्र चट्टोपाध्याय
लेन-देन
प्रभात

शरतचंद्र चट्टोपाध्याय
सविता
प्रभात

शरतचंद्र चट्टोपाध्याय
पथ के दावेदार
प्रभात

शरतचंद्र चट्टोपाध्याय
देवदास
प्रभात

शरतचंद्र चट्टोपाध्याय
अभागी का स्वर्ग
प्रभात

शरतचंद्र चट्टोपाध्याय
बिंदो का लड़का
प्रभात

शरतचंद्र चट्टोपाध्याय
देहाती समाज
प्रभात

शरतचंद्र चट्टोपाध्याय
परिणीता
बड़ी दीदी
प्रभात

शरतचंद्र चट्टोपाध्याय
सती
विलासी
प्रभात

शरतचंद्र चट्टोपाध्याय
चंद्रनाथ
वैरागी
प्रभात

शरतचंद्र चट्टोपाध्याय
ब्राह्मण की बेटी
विराज बहू
प्रभात

भारतवर्ष की लोककथाएँ

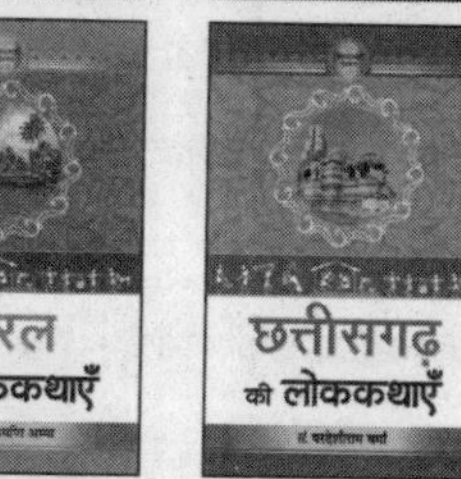

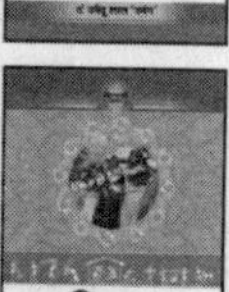

'लोकप्रिय कहानियाँ' शृंखला के सम्मानित कथाकार

• अवध नारायण मुद्‌गल • अज्ञेय • आचार्य चतुरसेन • आनंद प्रकाश जैन • आर.के. नारायण • उर्मिला शिरीष • उषा किरण खान • ऋता शुक्ल • कमल कुमार • कमलेश्वर • कुसुम अंसल • कुसुम खेमानी • केशव • गंगाप्रसाद विमल • गिरिराज किशोर • गुरुदत्त • गोविंद मिश्र • चंद्रकांता • चित्रा मुद्‌गल • जयशंकर प्रसाद • जैनेंद्र कुमार • ज्योत्स्ना मिलन • दामोदर दत्त दीक्षित • देवेंद्र सत्यार्थी • धर्मवीर भारती • नरेंद्र कोहली • नासिरा शर्मा • निर्मल वर्मा • पद्‌मा सचदेव • पांडेय बेचन शर्मा 'उग्र' • प्रकाश मनु • प्रेमचंद • बलराम • बिमल मित्र • भगवान अटलानी • मनु शर्मा • मन्नू भंडारी • महीप सिंह • मालती जोशी • मीरा सीकरी • मृदुला गर्ग • मृदुला बिहारी • मृदुला सिन्हा • मेहरुन्निसा परवेज • रमेशचंद्र शाह • रमेश पोखरियाल 'निशंक' • रवींद्रनाथ टैगोर • रस्किन बॉण्ड • राजी सेठ • राजेंद्र मोहन भटनागर • राजेंद्र राव • रामदरश मिश्र • रामधारी सिंह दिवाकर • रूपसिंह चंदेल • विजयदान देथा • विद्या विंदु सिंह • विवेकी राय • विश्वंभरनाथ शर्मा कौशिक • विष्णु प्रभाकर • वृंदावनलाल वर्मा • शंकरदयाल सिंह • शरतचंद्र चटर्जी • शिवप्रसाद सिंह • शैलेश मटियानी • श्रीलाल शुक्ल • संतोष गोयल • सच्चिदानंद जोशी • सत्यजित रे • सिम्मी हर्षिता • सीतेश आलोक • सुधा मूर्ति • सुनीता जैन • सुभद्रा कुमारी चौहान • सुशील कुमार फुल्ल • सूर्यबाला • से.रा. यात्री • स्वयं प्रकाश • हिमांशु जोशी

विदेशी कथाकार

• आर्थर कॉनन डायल • ऑस्कर वाइल्ड • एच.जी. वेल्स • ओ. हेनरी • काफका • खलील जिब्रान • चार्ल्स डिकेंस • चेखव • जूल्स वर्न • जैन आस्टीन • डी.एच. लॉरेंस • थॉमस हार्डी • पर्ल बक • मार्क ट्वेन • मोपासाँ • रुडयार्ड किपलिंग • लियो टॉलस्टॉय • वाल्टर स्कॉट • शेक्सपीयर • शेरलॉक होम्स • साकी

भारतीय भाषाओं की कहानियाँ

• डोगरी-कश्मीरी • ओड़िया • कन्नड़ • गुजराती • तमिल • तेलुगु • पंजाबी • मराठी • मलयालम • असमीया • बांग्ला • सिंधी • कोंकणी • उर्दू

विदेशों की कहानियाँ

• अमेरिका • इंग्लैंड • जर्मनी • फ्रांस • यूरोप • रूस • स्पेन